Alasdair Gray

Einer, der Geschichte macht

Haushalte um Saint Mary's Loch im Jahre 2220

2 1/16 Zoll = 1 Meile
3,5 cm = 1 km

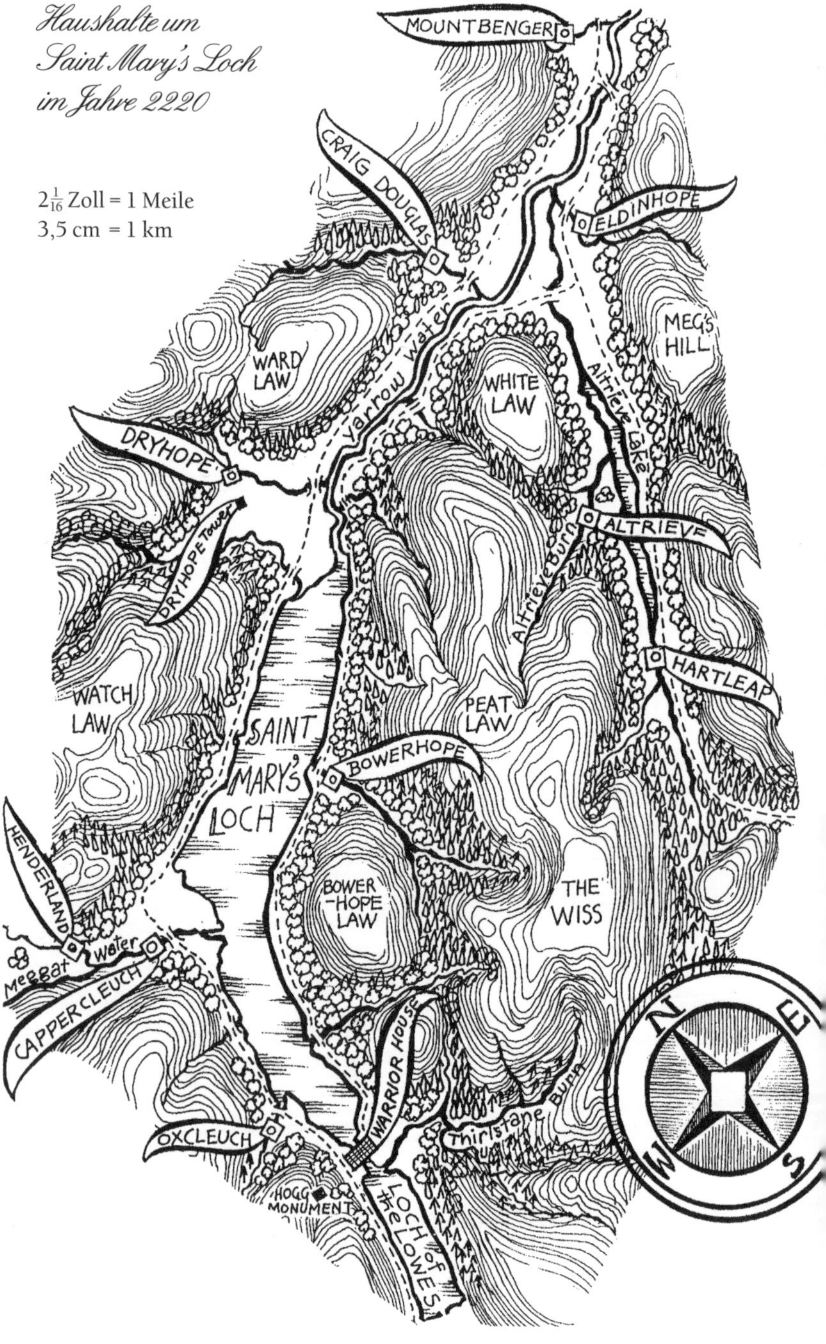

EINER, DER GESCHICHTE MACHT

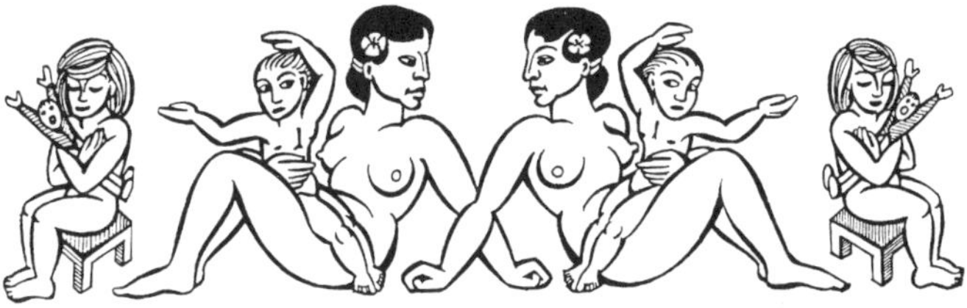

von

ALASDAIR GRAY

Aus dem Englischen von Bernd Rullkötter

Rogner & Bernhard
bei Zweitausendeins

Dieses Buch ist Chris Boyce gewidmet, durch den der Autor zu fast der gesamten Science und zu einem Teil der Fiction angeregt wurde. Daneben ist er Margaret Mead verpflichtet, deren »Kindheit und Jugend in Samoa« eine gütigere Gesellschaftsform nahelegte, als ihre Kritiker für möglich hielten; sowie Bruce Charlton für medizinische Beratung und Scott Pearson für wissenschaftliche Recherchen und Fahnenkorrektur.

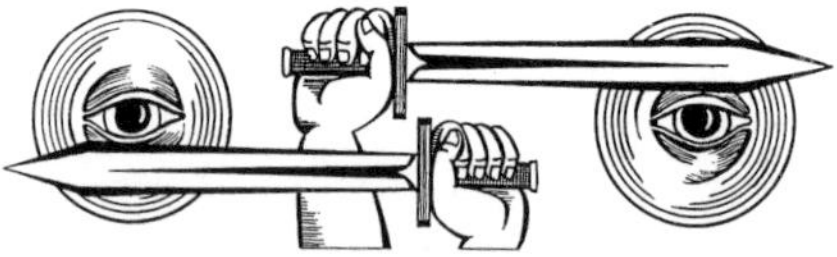

1. Auflage, Oktober 1996.

Erstmals 1994 erschienen unter dem Titel
»A History Maker«
bei Canongate Press, Edinburgh.

ISBN 3-8077-0324-1

Lektorat Kay Dohnke, Hamburg.
Umschlagbild Alasdair Gray, Glasgow.
Herstellung Eberhard Delius, Berlin.
Satz Theuberger, Berlin.
Druck Wagner GmbH, Nördlingen.
Einband G. Lachenmaier, Reutlingen.
Printed in Germany.

Dieses Buch gibt es nur bei Zweitausendeins im Versand (D-60381 Frankfurt am Main, Postfach) oder in den Zweitausendeins-Läden in Berlin, Düsseldorf, Essen, Frankfurt, Freiburg, Hamburg, Köln, München, Nürnberg, Saarbrücken, Stuttgart.

In der Schweiz über buch2000,
Postfach 89, CH-8910 Affoltern a.A.

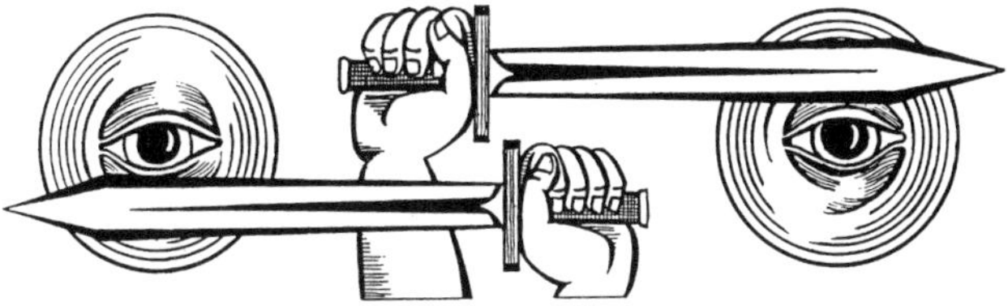

»*Ökonomie:* Altes griechisches Wort für die Kunst, ein Heim wetterfest zu machen und mit allem auszurüsten, was die Haus- und Wohnungsbesitzer brauchen. In historischen Zeiten benutzten britische Regierungen und ihre Berater dieses Wort für *politische* Haushaltung: die Kunst, ihre Bankiers, Makler und reichen Anhänger ausgiebig mit Geld zu versorgen, häufig indem sie andere Haus- und Wohnungsbesitzer in die Armut trieben. Sie verwendeten das griechische anstelle des englischen Wortes, weil es Leute verwirrte, die nicht an Schulen für Vermögende erzogen worden waren. Die Rhetorik plutokratischer Verwalter benötigte *Ökonomie*, wie die Predigten religiöser Regierungen den Willen Gottes benötigten.«

Aus dem *Informationsarchiv des historischen Jargons*.

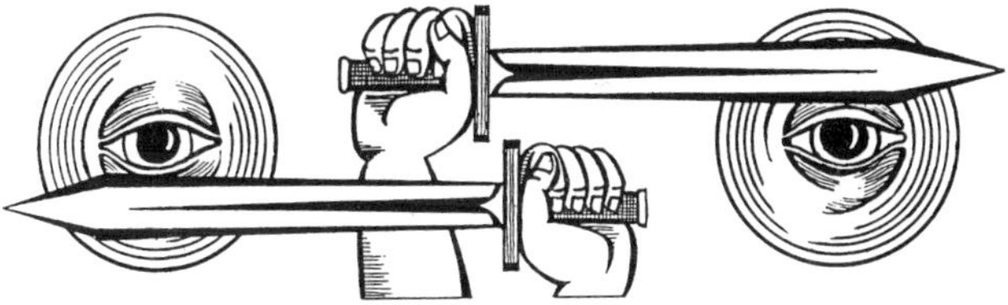

INHALTS

V E R Z E I C H N I S

Dryhope Tower
und Saint Mary's Loch,
Bowerhope zur Linken am ferneren Ufer,
um 1822.

PROLOG
DER MUTTER EINES HELDEN

Bevor Wat Dryhope aus dem Offenen Informationsnetz verschwand, gab er mir einen Ausdruck der folgenden fünf Kapitel und sagte: »Meine Entschuldigung für ein verpfuschtes Leben, Mutter. Mach damit, was du willst.«

Ich legte die Seiten auf ein Regal hinter alte Enzyklopädien. Der Titel skannerte mich. Da ich nicht wußte, daß er ironisch gemeint war, befürchtete ich, Wats Memoiren würden - wie die von Politikern in alter Zeit - seine Wichtigkeit hervorheben, indem sie sein Versagen böswilligen Feinden und dummen Helfern anlasteten. Die Worte »ein verpfuschtes Leben« ließen an etwas anderes, aber genauso Drieches denken: an den Beginn der Bekenntnisse *des Augustinus, wo der Heilige uns auf seine erstaunliche Bekehrung vorbereitet, indem er seine sehr normale frühe Widerlichkeit kritisiert. Ich liebte Wat von all meinem Nachwuchs am meisten und wollte deshalb nichts lesen, was mich vielleicht veranlaßt hätte, ihn zu hassen. Aber ich konnte seinen Text auch nicht ungelesen verbrennen. Ich legte ihn so hin, daß ich ihn leicht erreichen konnte, und kümmerte mich jahrelang nicht mehr darum.*

An einem grauen, feuchten Herbstnachmittag vor zwei Monaten hatte ich das Geflügel gefüttert und snibbte gerade das Gatter des Hühnerhofs, als ich lang hinstürzte und eine Stunde brauchte, um wieder zu Atem zu kommen und mein Gleichgewicht wiederzugewinnen. Ich bin in letzter Zeit mehrere Male hingefallen, ein Sturz war schlimmer als der andere; außerdem erinnere ich mich nun besser an Geschehnisse vor zwanzig, vierzig, sechzig Jahren als an solche vom heutigen Morgen oder von gestern. Auf dem kalten Boden liegend, begriff ich, daß ich bald zusammen mit meinen Töchtern - wenn mich kein Schlaganfall dahinrafft - in meinem Geburtshaus dem Altersblödsinn verfallen würde. In den Turm zurückgekehrt, nahm ich Wats Text vom Regal und staubte ihn ab. Nachdem ich ein Glas mit Uisge beatha gefüllt hatte, begann ich, ihn zu lesen, und beendete die Lektüre lange vor der Abenddämmerung, ohne einen Tropfen getrunken zu haben. Bewunderung für Wat war zu meinem stärksten Gefühl geworden; es war genauso stark wie der Zorn über mich selbst, weil ich der Öffentlichkeit seine Arbeit so lange vorenthalten hatte. Spätere wiederholte Lektüre hat meine Bewunderung für die Klarheit der Erzählung und die Ehrlichkeit des Erzählers nicht gemindert.

Einer, der Geschichte macht *berichtet von sieben entscheidenden Tagen im Leben eines Mannes - mit all den Schwächen, die dem Matriarchat der frühen Neuzeit fast ein böses Ende beschert hätten, und zugleich mit all den Stärken, die ihm zu überleben, sich umzugestalten, sich zu verbessern halfen. Wie Julius Cäsar bei seiner Beschreibung der gallischen Kriege vermeidet Wat Dryhope Prahlerei und Selbstmitleid; er spricht von sich selbst in der dritten Person und beschränkt den Bericht auf Tatsachen. Außerdem schreibt er so gescheit, daß er - wie Walter Scott in seinen besten Romanen - dem Leser das Gefühl gibt, mächtigen Taten beizuwohnen. Gewandte*

Kritiker werden seinen listigen Übergang von Präsens zu Präteritum im ersten Kapitel bemerken. Wie Scott erzählt er eine schottische Geschichte in einem Englisch, das man in anderen Teilen der Welt mühelos versteht, beläßt aber das Geplauder der Anwohner in ihrem dorischen Dialekt. Dies zeigt den Wunsch, seine Geschichte möge innerhalb UND außerhalb des Ettrick Forest gelesen werden. Ich habe mich abgewurstelt, diesem Wunsch entgegenzukommen, und fügte meinen abschließenden Anmerkungen ein Verzeichnis von Wörtern hinzu, die Sassenachs, Nordamerikaner und andere mit einer eigenen Variante des Englischen ramfieseln dürften.

Doch trotz aller Kunstfertigkeit bestehen vier Fünftel von Wats Geschichte aus nachweislichen Tatsachen, die auf die Aussagen einer ganzen Schar unabhängiger Zeugen zurückgehen. Das erste Kapitel wird nicht nur durch Unterlagen des Öffentlichen Auges bestätigt, sondern es beruht sogar eindeutig darauf. Diese Dokumente belegen auch Wats Darstellung des Empfangs vor dem Kriegerhaus von Ettrick, seine Rede auf der Veranda und sein Gespräch mit Archie Crook Cot im dritten Kapitel sowie Zitate aus öffentlichen Darstellungen und Erörterungen des neuen Militarismus im fünften Kapitel. Die Archive des Offenen Informationsnetzes bestätigen das Urteil des Rates für Kriegsregeln in Genf über die Schlacht an der Klippe zwischen Ettrick und Northumberland, die Tatsache der nächtlichen Wanderung von Puddocks zum südschottischen Süßwasser im selben Jahr sowie die Daten und den Wortlaut der Anzeige und der Banketteinladung durch Cellinis Wolkenzirkus.

Außerdem habe ich Exemplare von Einer, der Geschichte macht *an alle Personen geschickt, die darin erwähnt werden – jedenfalls sofern ich sie finden konnte. Nur Mirren Craig Douglas (jene verbitterte Frau) sandte es kommentarlos zurück, was bei ihr Billigung anzeigen dürfte. Wats Brüder Joe und Sandy, seine Geliebten Nan und Annie und die Bowerhope-Zwillinge, die Veteranen und Diener des Kriegerhauses, die Schwestern, die ihn pflegten; ich, die ihn erzog, General Shafto, der ihn mit in den Zirkus nahm - wir alle finden, daß er die Wahrheit im Einklang mit unserer Erinnerung wiedergibt. Bloß die Schilderung seiner Umtriebe mit Meg Mountbenger im schauerlichen vierten Kapitel werden von keinem anderen Protagonisten untermauert, aber weshalb sollte Wat seiner Phantasie in dieser Sache freien Lauf lassen, wo er doch in allen anderen Fällen ehrlich ist? Manche Kritiker meinen, D. H. Lawrence habe seine Vergewaltigung in* Die sieben Säulen der Weisheit *erfunden, um sich als einsamer Masochist für seine Absonderlichkeit öffentliche Sympathie zu verschaffen. Mag sein. Nichts anderes in Lawrence' Erzählung hängt von jener Vergewaltigung ab, also könnte er sie erlitten haben oder auch nicht. Aber nachdem Wat Bowerhope an jenem Morgen verließ, muß ein übler sexueller Zusammenstoß stattgefunden haben; nur so sind sein Zustand, als er am Seeufer gefunden wurde, seine Bemerkungen seinen Schwestern und sein Bericht mir gegenüber sowie seine Verbreitung einer Seuche zu erklären, die Kraftpflanzen auf jedem Kontinent mit Ausnahme der Antarktis verdorren ließ. Wenn Meg noch lebt, ist sie dreiundsechzig Jahre alt. Sollte sie wiederauftauchen und Wats Geschichte bestreiten, darf ihr niemand Glauben schenken. Sie war immer ein verderbtes Luder. Ich konnte sie nie leiden, obwohl sie die erste in der Reihe meiner Nachkommenschaft war.*

Also hinterlasse ich Einer, der Geschichte macht *dem Offenen Informationsnetz. Ich habe am Ende Anmerkungen hinzugefügt; sie erklären alles, was jene bambeesend finden könnten, die wenig über die Vergangenheit und über die schottische Rede wissen. Dieses Zeichen am Rand* ☞ *deutet auf solche*

Erläuterungen hin. Um der Nachwelt willen stehen meine Anmerkungen über die unmittelbare Gegenwart ebenfalls im Präteritum, denn unsere Zeit wird bald der Vergangenheit angehören. Wat war ein Gelehrter und ein Kämpfer. Seine Geschichte über Krieg, Liebe und Gaunerei geht auch auf den menschlichen Wandel ein. Sie wirkt der gefährlichen, leichtfertigen Gewohnheit entgegen, die moderne Welt für einen endlich sicheren Ort und die Vergangenheit für einen Abfallhaufen zu halten, dem wir kein Quentchen unserer Gehirnenergie widmen dürften. Letzte Woche fragte mich ein Dryhope-Tantchen: »Warum solln wir uns an die häßlichen Jahrhunderte erinnern, in denen ehrliche Leute von Klanjamfries habgieriger Gangster, die sich Regierungen und Börsen nannten, versaut, belästigt und malagrohst wurden? Das will mir nicht innen Kopf.«

Dieser Wunsch, nichts über unsere Herkunft zu erfahren, ist keineswegs neuzeitlich, sondern uralt. Vor mehr als dreihundert Jahren sagte Henry Ford: »Geschichte ist Quatsch.« Er war ein praktisches Genie und veränderte Millionen von Leben, indem er Leute dafür bezahlte, Fahrzeuge in großen neuen Fabriken herzustellen, und weitere Millionen bewog, die in diesen Fabriken hergestellten Fahrzeuge zu kaufen oder damit zu handeln. Nachdem er diese neue Kunst industriellen Wachstums gemeistert hatte, dachte er, daß intelligentes Leben nichts anderes mehr benötige. Bis 1929 hatten die großen neuen Fabriken mehr Fahrzeuge hergestellt, als mit Gewinn verkauft werden konnten. Die Eigentümer schlossen die Fabriken, Millionen von Erzeugern verloren ihre Arbeitsplätze und Behausungen, und sogar einige reiche Leute gerieten in Schwierigkeiten. Ford, der nicht einsah, daß seine Methode des Geldmachens diese Armut hervorgebracht hatte, schob Kommunisten und Juden die Schuld für den Zusammenbruch der industriellen Haushaltung zu und sagte,

Adolf Hitlers Faschismus sei das Heilmittel. Er hatte teilweise recht. Der Zweite Weltkrieg ermöglichte ihm, seine Fabriken erneut auszuweiten, denn er rüstete sie auf die Herstellung von Maschinen für die amerikanischen Streitkräfte um. Ford war nicht von Natur aus böse oder dumm, aber die Unkenntnis der Vergangenheit vernebelte seine Sicht auf die Gegenwart und machte ihn für die Zukunft blind.

Einer, der Geschichte macht *zeigt, daß gute Verhältnisse sich so unweigerlich ändern wie schlechte und der sorgfältigen Beobachtung bedürfen. Das versuche ich durch meine pedantischen lang-nebbigen Anmerkungen am Ende hervorzuheben. Dabei folge ich dem bescheidenen Beispiel meines Sohnes und rede von mir selbst in der dritten Person. Wenn irgendein künftiger Leser oder eine künftige Leserin erfährt, was aus meinem mutigen, unzufriedenen, gütigen, irregeleiteten, seit langem verlorenen Sohn geworden ist, so hoffe ich, daß er oder sie ein Postskriptum hinzufügen und die Nachwelt zu deren Zufriedenheit unterrichten wird. Es tut mir leid, daß ich nicht hier sein werde, es zu lesen.*

Kate Dryhope
Dryhope Tower
8. Dezember 2234

1
ÖFFENTLICHES AUGE

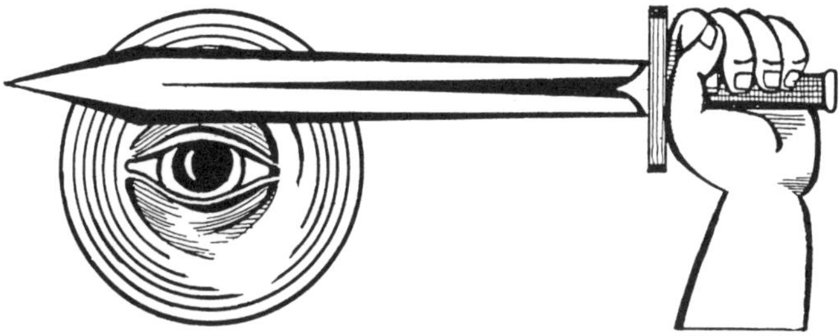

Dunst vom Meer her bedeckt den Hügel, wo eine kleine Armee von einer großen umzingelt liegt. Über dem Dunst und unter einer Vielzahl von Sternen hängt das Öffentliche Auge wie ein künstlicher Mond. Es ist ein kristallener Globus mit Lichtern und Schemen von Menschen, die im Zentrum arbeiten - von Menschen, deren Gesichter sich gewaltig vergrößern, wenn sie nach außen blicken. Sie verzeichnen Bilder und Geräusche, diese Menschen, und geben Kommentare dazu ab, doch nun ist das einzige Geräusch das Schwappen von fernen Wellen, die sich an Felsen brechen.

Der Dunst erhellt sich langsam im Westen, wo sich die Sonne dem Horizont nähert. Signalhörner werden unter dem Dunst zum Wecken geblasen, dann folgt ein schwaches Kratzen, das dem Geräusch zahlreicher Grashüpfer gleicht. »Der dritte Tag des Krieges dämmert herauf«, sagt das Öffentliche Auge und läßt sich in den Dunst hinuntersinken. »In einer Stunde beginnt die Schlacht um die Standarte.«

Es verhält inmitten schattiger Gestalten, die die Kratzgeräusche verursachen. Ein plötzlicher Lichtstrahl vom Globus fällt auf einen vierzehnjährigen Jungen, abgezehrt und schmutzig, mit befleckten Verbänden um Stirn, Arm und Knöchel. Er hockt auf einem Umhang, der ihm als Bett gedient hat, und schärft die Schneide eines kurzen Schwertes mit einem spindelförmigen Stein. Das Öffentliche Auge hängt dicht über seiner linken Schulter. Der Junge errötet verlegen, schärft weiter und tut, als habe er nichts bemerkt, bis die Stimme sagt: »Ein Ettrick-Frühstück - nicht sehr nahrhaft.« Der Junge schlägt mit dem Stein nach dem Auge und stürzt vornüber aufs Gesicht.

»Eine typische Reaktion«, sagt das Auge, das zur Seite tanzt und ihn im Dunkeln zurückläßt, »von jemandem aus einem hitzköpfigen Clan am Rande der Ausrottung. Sehen wir uns Northumbrien an.«

Das Öffentliche Auge verschwindet

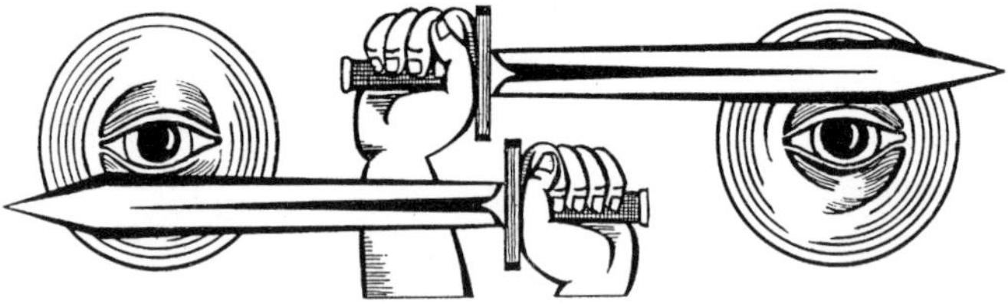

und erscheint wieder an einem Hang, den es an der anderen Seite eines nebelgefüllten Tales hinaufschwebt. Kohlenbrenner bedecken den Hügel mit fröhlichen Pünktchen aus Licht und Hitze, jeder von drei Soldaten umgeben. Der eine schärft gemächlich Schwerter, der andere poliert Schilde und Helme, der dritte bereitet ein Frühstück aus Blutwürsten zu, die in ihrem eigenen Fett brutzeln. Diejenigen, die ihre Waffen hergerichtet haben, trinken heißen Kaffee mit einem Schuß Rum.

»Es herrscht eine Atmosphäre der Erwartung«, sagt

das Öffentliche Auge, »aber Erwartung ohne Besorgnis, Erwartung, vermengt mit (wir wollen offen sein) Vorfreude. Seit einem halben Jahrhundert haben diese wackeren Northumbrier Brüder, Väter und Onkel an Ettrick verloren. Wo Sie und ich den einzigen überlebenden Clan einer tapferen Grenzarmee sehen, nehmen die Northumbrier deshalb - und wer kann es ihnen verdenken? - die Reste eines Schlangengezüchts wahr. Lassen Sie uns hören, was die Befehlshaber sagen.«

Fünf northumbrische Befehlshaber stehen auf einem Gipfel - Seite an Seite, doch weit genug auseinander, um jeweils klar sichtbar zu werden. Es sind alte Männer von Mitte Dreißig mit schmalem gestutzten Schnurrbart, mit geduldiger, weitsichtiger Miene und narbenzerfurchtem Gesicht. Schlichte knöchellange Mäntel verhüllen ihre Körper, und jeder trägt sein Clan-Symbol an der linken Schulter: den Milburn-Fußball, den Storey-Bleistift, den Dodds-Blitz, die Shafto-Schnalle, den Charlton-Flügelstiefel. Eine Morgenbrise zerfetzt den Dunst hinter ihnen und läßt fünf glänzende, zehn Meter hohe Stahlstangen erkennen; auf der Spitze einer jeden thront ein Goldadler, der eine Querstange gepackt hält. Von jeder Querstange hängt ein Banner herab; das flatternde Tuch verbirgt nicht das Symbol des Clans und die reichbestickten Namen seiner Siege.

»Wie wird die Schlacht heute verlaufen, General Dodds?« fragt das Öffentliche Auge den mittleren Befehlshaber.

Dodds schaut in die Luft über dem Auge und antwortet, als spreche er mit sich selbst: »Wir werden sie zermalmen. Sie haben keine Lebensmittel, kein Wasser, wir sind ihnen an Zahl zehnfach überlegen. Wir werden ihre Standarte dreißig Minuten nach der Startglocke errungen haben.«

»Sie haben eine Menge an Ettrick verloren«, sagt das

Auge, und es umkreist rasch Dodds' Kopf, um das faltige Fleisch und die kleinen Löcher zu zeigen, wo früher seine Nase und seine Ohren waren.

»Mehr, als Sie sehen können«, erwidert er mit einem leichten Lächeln. »Einen Vater, neun Brüder, sieben Söhne, sechs Enkel, fünf Hände und drei Beine habe ich verloren. Nein, die Natur hat mich nicht zum Schwertkämpfer bestimmt. Ich eigne mich höchstens zum Befehlshaber, und das habe ich nie stärker bedauert als heute. Zu gerne würde ich Jardine Craig Douglas und seinen Gören einen letzten Schlag versetzen.«

»Wie, meinen Sie, hat General Craig Douglas seinen Feldzug gestaltet, General Dodds?«

»Wie ein Profi. Seine Wahl des Terrains hätte zu einem Unentschieden führen können, wenn sich Teviot und Liddesdale, Eskdale und Galawater so schnell bewegt hätten, wie er sich mit Ettrick bewegte. Aber sie konnten es nicht, und nun haben wir ihre Standarten.«

(An dieser Stelle stößt Shafto ein schallendes Gelächter aus, das Dodds ignoriert.)

»Was mich verwundert«, sagt Dodds, »ist die Tatsache, daß er sein letztes Gefecht *dort* abhalten will.«

Er zeigt mit einem Finger über das Tal hinweg auf einen isolierten Hügel, der nun frei von Dunst ist. Die Ettrick-Standarte steht auf dem Gipfel, und die Reste der Ettrick-Armee lagern um sie herum. Auf jedem umliegenden Hang sind die Lager ihrer Feinde.

»Wenn Craig Douglas nicht kapitulieren will - wenn er entschlossen ist, für seine Fahne zu sterben -, hätte er sich einen besseren Ort aussuchen können als einen wasserlosen Hügel, an dem wir ihm von allen Seiten zusetzen können.«

»Werden Sie ihn zur Kapitulation auffordern, General Dodds?«

Der Oberbefehlshaber schiebt die Unterlippe vor, saugt an seinem Schnurrbart und sagt: »Wir werden darüber abstimmen. Milburn?«

Milburn entgegnet: »Was mich betrifft, hatte er gestern seine letzte Chance.«

»Geben wir ihm noch eine«, meint Storey. Charlton stimmt zu.

»Es schadet nichts, dem alten Craig Douglas eine letzte Chance zur Kapitulation zu geben«, sagt Shafto mit einem weiteren grellen Lachen. »Er wird sie nicht nutzen.«

»Wenn das der Fall ist, Shafto, kannst du ihm die Botschaft überbringen«, sagt Dodds grinsend. »Trag so dick auf, wie du willst, und vergiß nicht, die Sache mit ihren Tantchen zu erwähnen.«

Shafto nickt, salutiert und stakst den Hang hinunter; ein Herold mit einer Parlamentärflagge schreitet neben ihm her. Unser Aussichtspunkt bleibt zwischen ihnen, bis

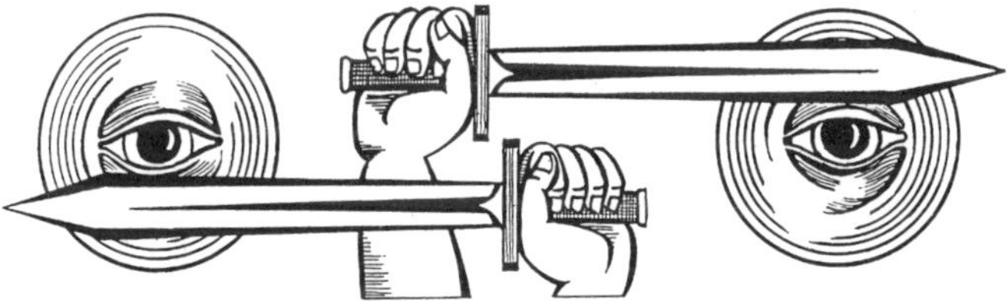

sie den belagerten Hügel hinaufsteigen, während sich die Ettrick-Soldaten auf dem Gipfel versammeln. Drei Reihen von Jungen, die kleinsten vorn und die größten hinten, stehen hinter der Standarte in einer Sichelformation, deren Spitzen auf die sich nähernden Northumbrier zeigen. Am Fuß der Standarte wartet Jardine Craig Douglas als General unter seinen höchsten Offizieren. Das anmutige Tempo, mit dem diese Truppe in Stellung gegangen ist, und die lässige, doch energische Haltung, in der sie verharrt, würden Beobachtern theatralisch erscheinen, die an die Wehrpflichtigen- oder Söldnerheere der historischen Ära gewöhnt sind. Jeder Soldat präsentiert eine klare und dabei unterschiedliche Silhouette: Arme verschränkt oder Daumen in den Gürtel gesteckt oder eine Hand auf der Hüfte und die andere auf dem Schwertknauf. Sogar der kleinste und schmutzigste Soldat - jener, der mit seinem Schleifstein nach dem Öffentlichen Auge geschlagen hat - besitzt nun die ausgewogene Würde eines Kommandeurs in einem Gemälde von Velasquez. Nur ein schlaksiger Offizier lümmelt sich neben seinem General wie ein mürrischer Schauspieler, der lieber in einem anderen Stück wäre. Auch General Craig Douglas hat etwas Exzentrisches an sich. In einer Epoche, da die meisten Männer über einen Meter achtzig groß sind und die meisten Generale einen gepflegten Schnurrbart tragen, ist Craig Douglas nur einen Meter fünfundsechzig groß und mager; seine Augenbrauen, sein Backen- und Schnauzbart - buschig und grau - verleihen ihm das Aussehen eines wilden Kobolds.

Die northumbrische Gesandtschaft macht drei Schritte vor ihm halt. Der Herold bläst eine Fanfare. In der folgenden Stille ist eine Lerche zu hören. Shafto übertönt ihre Stimme sehr bald, denn er spricht so laut, daß alle ihn hören können. »Jardine Craig Douglas! Ich bringe eine Botschaft von Sidney Dodds, Befehlshaber von Northumbrien. Du hast tapfer und gut gekämpft - keiner weiß das besser als deine Feinde -, aber heute bist du zum Untergang verurteilt, es sei denn, du übergibst uns jene Standarte, eine Standarte, an deren Eroberung du uns nicht hindern kannst! Du hast nur ein paar erfahrene Soldaten zu ihrer Verteidigung und weniger als hundert Junioren, die Hälfte davon Anfänger. Hast du dein jüngstes Blut bis zuletzt aufgespart, um es für eine hoffnungslose Sache zu vergießen? Kapituliere nun und erfreue das Herz eurer Tanten, Schwestern und Liebsten. Kapituliere nun und beschleunige die Erneuerung Ettricks als eines Clans von Kämpfern. Kapituliere nun und verliere kein Quentchen der Bewunderung, die dir zu Recht von den Zuschauern, euren Verbündeten, euren Familien, euren Feinden und der Nachwelt gezollt wird.«

»Ein freundliches Angebot!« sagt Craig Douglas rasch und laut. »Und nobel vorgetragen. Was haltet ihr davon, Männer? Wollen wir ihnen die alte Stange geben?«

Er wendet Shafto den Rücken zu, stemmt die Faust auf die Hüfte und blickt zum Goldadler über dem langsam flatternden Banner empor. Seine Frage ist an keine bestimmte Person gerichtet gewesen, deshalb antwortet niemand, bis er einen Seitenblick auf seinen größten und schlampigsten Offizier wirft und sagt: »Du bist unser Denker, Wat - du liest Geschichtsbücher, hast die Sterne besucht und eine Chance ausgeschlagen, ewig zu leben. Was soll ich tun?«

»Gib ihm die Stange. Laß uns nach Hause gehen, damit wir uns waschen und frühstücken können«, erwidert Wat mit lauter Stimme. »Wir können eine neue Stange bestellen. Unsere Tanten werden ein neues Banner weben.«

»Da spricht die Stimme der Vernunft!« ruft Craig Douglas und klopft Wat heiter auf die Schulter. »Die Stimme der Vernunft und NICHT die Stimme der Feigheit, wie wir wissen, die gestern neben Wat Dryhope gekämpft haben. Aber der Krieg ist nun mal kein vernünftiges Geschäft.«

Er rückt von seinen Offizieren ab und schaut weiterhin zum Banner hinauf. Seine Stimme wird leiser, aber deutlicher.

»Die alte Stange bedeutet mir sehr viel. Eine Woche, bevor der älteste von euch gezeugt wurde, habe ich angefangen, für sie zu kämpfen. Wir haben seitdem viel geleistet. In einer Schlacht nach der anderen haben wir gesiegt und Verbündete gewonnen, bis Ettrick Standarten von Weck bis Barrow und einige sogar auf Gemeindeplätzen bis nach Sunningdale im Süden erobert hatte. Aber heute ist Ettrick der einzige unbesiegte Clan im schottischen Grenzland - hundertacht von uns, zumeist Kadetten und Anfänger, hundertacht hungrige, durstige Leute, umzingelt von mehr als tausend erfahrenen gutgetränkten, guternährten Kriegern. Deshalb sagt mein braver Sohn Wat: ›Laß die Stange fallen. Gib ihnen die Fahne. Sie werden sie ohnehin bekommen. Niemand wird uns Vorwürfe machen.‹ Das ist ein vernünftiger Rat, und ich weise ihn zurück!«

Er schleudert die rechte Hand zur Fahne empor und ruft: »Diese Fahne wehte in den schönen Tagen über uns, als wir zahlreich und stark waren. Werden wir sie jetzt aufgeben, nur weil wir wenige und schwach sind? Sind wir so vernünftig, so bequem, so *unmännlich* geworden, daß wir uns wie Löwen im Licht des Sieges sonnen, aber wie Hühner vor dem Schatten des sicheren Todes fliehen? Eine heldenhafte Niederlage läßt mutige Männer so ruhmreich werden wie ein Sieg, meine ich!«

Er deutet nach oben zu dem Öffentlichen Auge, das zwischen ihm und seinen sichelförmig aufgebauten Soldaten um die Standarte schwebt, doch er blickt zu den Männern hinüber, als er erklärt: »Dort ist das Auge, das der Welt zeigen wird, wie der Ettrick-Clan stirbt, und euren Liebsten und Tanten zeigen wird, wie ihre Männer sterben können! Ich bitte euch, mit mir zu sterben, damit unser Tod wieder und wieder bis in die letzten Tage der Menschheit und des Fernsehens und der Zeit betrachtet werden kann! Ist jemand auf meiner Seite?«

Während fast alle Atem schöpfen, um ihre Unterstützung hinauszubrüllen, schreit Wat: »Ruhe, und hört mir zu! Hört mir zu!« Alle starren ihn an. Das Öffentliche

Auge kommt näher. Mit einer Geste, die es verscheuchen soll, sagt er: »Ja, Dad, wir kämpfen, um unsere Verachtung vor dem Tod zu beweisen, aber wir Alten haben das mehr als einmal getan. Denk an die Bairns, die Vierzehnjährigen! Dies ist ihr erster Krieg. Gib ihnen die Chance zu einem weiteren. Schick sie heim.«

»Danke, daß du mich daran erinnert hast«, sagt Craig Douglas und geht in die Sichel aus Soldaten hinter der Standarte. »Die Anfänger, von denen er spricht, sollen einen Schritt nach vorn machen.«

In der vorderen Reihe werfen sich einige Burschen Seitenblicke zu, doch keiner bewegt die Füße.

»Kommt schon«, sagt er freundlich. »Ihr könnt euch nicht vor mir verstecken. Charlie und Jimmy, ihr seid vierzehn - ich weiß, wie alt meine Söhne sind. Und Sandy, Kenneth und Alec sind meine Verwandten unter den Bowerhopes. Tretet vor, Luhns, oder ich werd's jedem von euch einzeln befehlen. Ein alter Hund wie ich kann keine rebellischen Welpen haben.«

Zwanzig Jungen schlurfen vorwärts. Er lächelt und sagt: »Ihr wart Bairns, als ich euch vor zwei Tagen in die Schlacht brachte. Nun seid ihr Krieger. Das ist mein letzter Befehl für euch: Geht mit General Shafto hinter die northumbrischen Linien. Kehrt zu euren Tanten zurück. Wenn eure Wunden verheilt sind, schließt euch den Veteranen und der Boys' Brigade im Kriegerhaus an, wo ihr die einzigen Offiziere sein werdet. Studiert diesen Krieg von Anfang bis Ende. Lernt aus unseren Fehlern. Bringt dem Ettrick-Nachwuchs bei, wie sie zu vermeiden sind. Bereitet künftige Siege vor, um die Verluste von heute zu rächen. Weg mit euch!«

Die Jungen rühren sich noch immer nicht; einige schauen einander verstohlen an, andere starren verbissen vor sich hin. Einer hebt die Hand.

»Ja, Charlie?« sagt der General.

»Meinst du, wir werden ... wenn wir neben dir kämpfen ... Ettrick Unehre machen, Dad?«

»Das bezweifle ich, Charlie.«

Ein neuerliches Schweigen wird von einem älteren Jungen in der hinteren Reihe durchbrochen.

»Bitte, sprechen zu dürfen, Onkel.«

»Genehmigt.«

»Die jungen Luhns kennen die Gesetze der demokratischen Kriegführung genauso gut wie wir. Du bist gewählt worden, uns in der Schlacht zu führen. Du kannst Männern nur dann den Rückzug befehlen, wenn ihre Verletzungen oder ihr Charakter sie zu einer Belastung machen.«

»Du hast recht«, sagt Craig Douglas sanft. »Wer sich entscheidet, mit uns übrigen zu sterben, soll zurücktreten.«

Die Jungen treten zurück.

»Ich hab's versucht, Wat«, sagt der General seufzend und schlendert auf die Standarte zu. »Aber all meine Küken sind zu Adlern geworden. Wirst *du* mich jetzt verlassen?«

»Du bist ein Taugenichts, Dad«, gibt Wat verdrossen zurück. »Ein arroganter trotteliger blutdürstiger Taugenichts. Aber ich kann nicht allein unter den Frauen leben.«

»Also hab' ich die Vernunft doch auf meiner Seite!« ruft Craig Douglas lachend. Alle außer Wat fallen ein. Sogar Shafto und der Herold lachen.

»General Shafto«, sagt Craig Douglas mit einer Stimme, die dem Gelächter Einhalt gebietet, »sprich Sidney Dodds meinen Dank aus und teile ihm mit, daß wir seine Männer ...« – er schaut auf sein Handcom – »... in neun Minuten treffen werden.«

»Gut!« erwidert Shafto grinsend. Er salutiert und schreitet zusammen mit dem Herold den Hügel hinunter. Das Öffentliche Auge bleibt zurück.

»Vielleicht bin ich ein Taugenichts, aber ich bin kein Trottel, wenn's um Strategie geht«, erklärt Craig Douglas seiner Armee. »Wir können diesen Kampf nicht gewinnen, aber werden ihn auch nicht verlieren, wenn ihr tut, was ich sage. Joe Dryhope und ich übernehmen die Nachhut, Oberst Wardlaw den rechten Flügel, Archie Elphinstone den linken. Wat führt die Vorhut mit drei ausgewählten Männern, die sich nach ihm richten werden. Davon hängt das Ergebnis ab ... Keine Spionage! Dies ist eine private Beratung«, läßt er das Öffentliche Auge wissen. Es steigt in die Höhe, während die Ettricks ihre Helme aufsetzen und einen Kreis bilden.

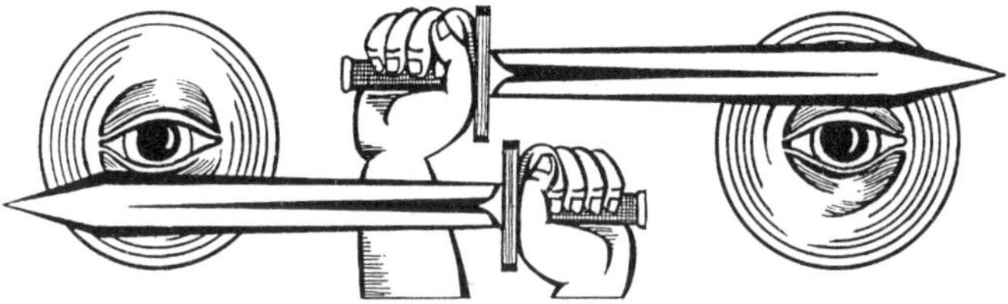

Das Öffentliche Auge ist nun so hoch über der Standarte, daß Hügel und Moorland und Truppen unten ausgebreitet sind wie eine Karte, über die Ströme von Ameisen hinwegziehen.

»In vier Minuten beginnt das Massaker des Jahrzehnts«, sagt eine Stimme. »Der Tag ist milde und trocken, die Sicht gut, der Boden in prächtigem Zustand. General Craig Douglas behauptet, er habe eine Strategie, die eine Niederlage verhindern wird. Was kann das sein, Wolfgang Hochgeist?«

»Das kann ich wirklich nicht sagen«, bemerkt eine andere Stimme, »denn ich glaube nicht, daß es möglich ist. Ich fürchte, es war eine unsichere Behauptung. Der nervöse Craig-Douglas-Charakter ist an allen Männern des Clans zu beobachten, besonders an Wat Dryhope, dem ältesten Sohn des Generals.«

»Was also kann Craig Douglas tun?«

»Er kann eine kompakte Soldatenmasse um die Standarte zusammenziehen und an Ort und Stelle kämpfen, bis der letzte Mann fällt, aber für solch ein teutonisches Gefecht sind zu viele seiner Soldaten Kinder. Die schottische Mentalität *und* die Steilheit des Hügels lassen einen Ausfall bergab vermuten, hin zu einem besser zu verteidigenden Standpunkt. Davon gibt es drei: den Steinbruch Blind Ghyll knapp einen Kilometer westlich; einen Windbruch im Süden; und im Osten, wo sich die Meerklippen hin zu einem alten Atomkraftwerk senken, den verlockendsten Standpunkt von allen – eine guterhaltene lange Betonmole. Wenn die Standarte dorthin geschafft werden könnte, wäre eine Truppe von vierzig Mann vielleicht in der Lage, tausend Soldaten bis zur Abenddämmerung zurückzuschlagen. Aber Dodds befehligt fünf Armeen und hält drei zurück, um die Zugänge zu Mole, Steinbruch und Windbruch zu versperren.«

»Die Ettricks lösen die Spannschnüre ihrer Standarte!« ruft die andere Stimme. »Die Richtung, in die sie mit der gesenkten Standarte weisen, dürfte uns einen Anhaltspunkt bieten. Hier kommt der Schiedsrichter!«

Ein weißes Luftschiff erscheint zwischen Wolken am Himmel; es hat ein rotes Kreuz an der Seite, und an seinem Bauch sind fünfzig kleine Flugzeuge befestigt. Aus einem Bullauge züngelt ein kräftiger Blitz, dann ertönt der Klang einer gewaltigen Glocke. Die Ettricks bleiben dicht um ihre Standarte auf der Anhöhe geballt. Drei Säulen Northumbrier nähern sich dem Hügel von verschiedenen Seiten und klettern zur Spitze hinauf. Ihre Anstiegspfade sind gewunden und bieten keine geradlinige Lücke, durch welche die Truppe vom Gipfel hindurchstürmen könnte. Die Soldaten auf der Kuppe formieren sich neu um ihre Standarte, die sich in die Waagerechte senkt. Taue und Fahne werden rasch um die Stange gewickelt, und sie wird zum Rückgrat einer zentralen Kolonne mit einer kurzen Kolonne davor und längeren Soldatenreihen an beiden Seiten und dahinter. Dodds' Vorhut hat den Gipfel fast erreicht, als die Ettricks losrennen und wie ein Torpedo durch Shaftos Kolonne krachen.

»Wohin laufen sie? Wohin laufen sie? *Wohin* laufen sie?« fragt das Öffentliche Auge aus einer Höhe, aus der der gesamte Aktionsbereich zu überblicken ist. Unter den Soldaten registrieren auch andere Augen den blutigen Kampf einzelner Männer. »Zur Mole über die Klippen«, sagt Hochgeist. »Aber es ist zu weit, viel zu weit für sie! Hoffnungslos!«

»Aber die meisten Ettricks haben Shaftos Männer mit überraschend wenig Verlusten hinter sich gelassen und gleiten nun durch Milburns Reihen wie ein Messer durch die Butter! Dodds' Männer auf der Hügelspitze geben ihre Formation auf und wälzen sich hinter ihnen her wie eine Lawine. Das Beste, was die Ettricks tun können, ist, Fersengeld zu geben. Ihre Zentralkolonne hat den Fuß des Hanges erreicht und drängt nun auf kürzestem Weg zur Klippe, warum? Sie können doch nicht vorhaben, ihre Standarte ins Meer zu schleudern?«

»Bestimmt nicht«, sagt Hochgeist. »Ihre letzten zehn Siege würden vom Kriegsrat in Genf für ungültig erklärt werden. Vielleicht möchte Craig Douglas aus sentimentalen Gründen, daß sein Clan auf diesem Felsvorsprung zugrunde geht. Ich glaube, die Pikten lieferten hier einst ein bedeutendes letztes Gefecht.«

»Aber sein Clan wird ausgelöscht sein, bevor er die Klippe erreichen kann! Craig Douglas dreht sich mit seiner Nachhut, um dem Feind entgegenzutreten, und nun ist er wirklich im dicksten Getümmel! Was für ein Mann!

Seht euch an, wie er mit dem Schwert ausholt! Aber die Northumbrier überwältigen ihn, während die übrigen die Ettrick-Standarte jagen und umzingeln. Und sie verliert Verteidiger wie eine Zwiebel, der Haut um Haut abgezogen wird. Doch die Männer kämpfen und drängen mit Wat Dryhope an der Spitze immer weiter nach oben! Und sie haben ihn erreicht - den Klippenrand -, was haben sie vor? Pflanzen sie vielleicht die Standarte auf, damit die alte Fahne zum letztenmal flattern kann?«

»Aha!«

»Kaum ein Dutzend sind übriggeblieben!«

»Aha!«

»Warum *übergeben* sie die verdammte Stange nicht? Was haben sie vor, Wolfgang?«

»Etwas sehr Gerissenes, das nie zuvor versucht worden ist und das nur eine hoffnungslos unterlegene Truppe in genau dieser Klippenrandsituation schaffen könnte. Ich habe Craig Douglas unterschätzt. Wie schade, daß er die Durchführung seines Planes nicht mehr erlebt. Aber seinem nervösen Sohn könnte es wirklich gelingen.«

Die Ettrick-Standarte, die wackelt wie ein Getreidehalm im Sturm, wird einen Meter vom Klippenrand entfernt von ihren letzten paar Verteidigern aufgepflanzt. Wat hält die Stange, während landeinwärts von ihm drei Jungen Taue packen, die verhindern, daß die Standarte ins Meer stürzt. Ein Ettrick-Überrest hackt und stößt zu, um eine northumbrische Menge in Schach zu halten, die nun keinen anderen Wunsch hat, als die Taue zu ergreifen.

»Schnappt die Taue, bevor ihr sie tötet!« brüllt Dodds von hinten.

»Jetzt!« schreit Wat. Sofort werden die Taue beiseite geschleudert und von northumbrischen Händen gepackt. Auch die Stange ist einem Northumbrier überlassen worden. Wat tritt einen Schritt zurück und mustert ihn. Eine Pause entsteht.

»Ihr kapituliert?« brüllt Dodds von hinten. Die Soldaten rings um die Stange, Ettricks und Northumbrier, schauen zu Wat, dessen enorme Größe und plötzliche Fassung ihn als den einzigen erscheinen lassen, der antworten könnte. Obwohl von Prellungen übersät und blutig, wirkt er nicht mehr unbeholfen. Mit einem koboldhaften Grinsen ruft er »Nein!« und stürzt sich auf den Northumbrier, der die Stange hält.

»Die überlebenden Ettricks greifen nun die Northumbrier an, die ihre Standarte gepackt haben!« sagt Hochgeist. »Obwohl hoffnungslos unterlegen, sorgt das Überraschungsmoment ihres Angriffs auf diesem engen Raum dafür, daß die vier oder fünf Northumbrier nun die Taue loslassen und ... SIE FÄLLT IN DEN ABGRUND!«

Das Öffentliche Auge nimmt ein Bild auf, das jahrhundertelang immer wieder in Zeitlupe gezeigt werden soll: eine stürzende Stahlstange mit einem Adler darauf, ein flammenartiges Banner, das sich wie der Schweif eines Kometen entfaltet - beide stürzen hinunter zur gekräuselten blaugrauen Seide der Nordsee, schlagen schief auf und verschwinden mit einem Plätschern. Zur Hälfte schießt der silbrige Stab in einem Winkel wieder nach oben, dann kommt die ganze Stange zur Ruhe und versinkt schließlich im Meer.

»War das nach den Regeln erlaubt?«

»Ich glaube schon, ja«, sagt Hochgeist lachend. »Denn die Regeln verbieten es nicht. Die Northumbrier hatten die Standarte in einem fairen Kampf erobert. Aber sie waren es, die die Stange nach einem Gegenangriff der Ettricks ins Meer fallen ließen, und zwar in einer Schlacht, die noch andauert!«

»Ja, die Northumbrier laufen Amok«, sagt das Öffentliche Auge. »Es ist ein häßlicher Anblick, aber wer will es ihnen verdenken? Nach einem halben Jahrhundert voller Siege hat der Ettrick-Clan - technisch gesehen - ein Unentschieden erzielt. Selbst wenn Ettricks ganze Armee ausgerottet wird, bleibt sie also ungeschlagen. Und sie wird bestimmt ausgerottet werden, es sei denn - gut! Da klingelt die Glocke, die das Spielende anzeigt. Nun gleiten die Flugzeuge des Roten Kreuzes zum Feld der Ehre hinab, und einige von Ihnen möchten vielleicht zu den Ufern des Alamo umschalten, um ein Blickchen auf den großen Kampf zwischen den Tex- und den Mex-Scharfschützen zu werfen. Aber ich weiß, daß viele hier bei uns bleiben werden, um die endgültige Zahl der Opfer zu erfahren, während die Mediziner ans Werk gehen.«

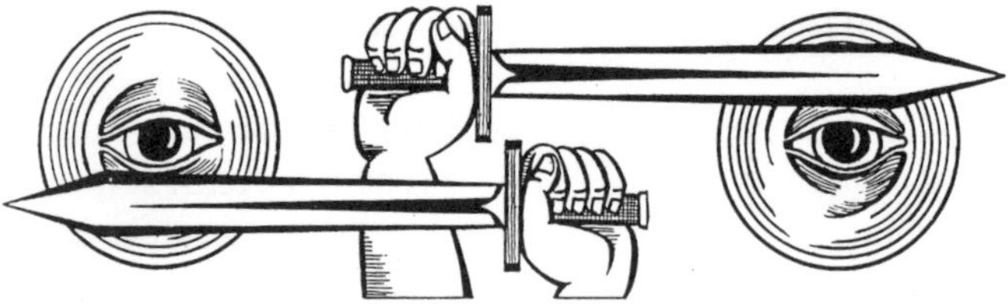

Der Northumbrier, dem Wat Dryhope die Standarte überlassen hatte, war der erste Mann, den er bewußt tötete. In früheren Kämpfen hatte er seine Schläge im Getümmel ausgeteilt, genauso zur Verteidigung wie zum Angriff, aber sein Ausfall gegen den Northumbrier war nicht pariert worden. Sein Schwert durchbohrte ein Herz unter einem entgeisterten Gesicht, denn sein Opfer hatte die Schlacht für beendet gehalten. Erschöpft und angeekelt fiel Wat zu Boden, sah die Standarte an sich vorbeikippen, hörte neue Schreie und neues Gebrüll. Er hatte genug, rollte der Standarte nach über den Klippenrand und verlor das Bewußtsein.

Später sah er weit unter sich Möwen, die nach etwas in den Wellen pickten. Für eine Weile glaubte er, auf seinen ertrunkenen Körper hinunterzublicken. Schmerzen in jedem Muskel verscheuchten diesen Gedanken sehr bald. Er baumelte am Klippenrand über einem teils massiven, teils nachgiebigen Vorsprung. Als seine Hände ihn packten, rissen scharfe Dornen Löcher in seine Handflächen und Finger. Er ächzte, hielt jedoch fest und versuchte, sich zur Seite zu drehen.

»Ist das der letzte der Ettricks?« fragte ein Gesicht in einem Globus acht Zentimeter vor seiner Nase.

»Fuck off«, murmelte Wat und brüllte es dann aus voller Lunge.

»Wat Dryhope, ältester Sohn des hingemetzelten Generals«, sagte das Gesicht, »und offenbar ein Leser, der die derbe Sprache der Literatur des zwanzigsten Jahrhunderts liebt.«

»Hallo, kann ich dir helfen?« fragte eine andere Stimme. Wat drehte sich heftig herum und sah grauen Fels, der von horizontalen Rissen durchzogen war. Sein Rumpf lag auf einem Büschel Whins, die in einer Spalte über einem schmalen Sims wurzelten. Er reckte das Gesicht nach oben und sah den Klippenrand vielleicht einen Meter über sich; eine Gestalt kniete davor. Es war General Shafto, der einen Arm ausstreckte und sagte: »Los, komm! Pack schon zu!«

Wat hob eine blutbefleckte rechte Hand, deren Finger – das wußte er – nun nichts mehr halten konnten, aber Shafto packte das Handgelenk und zog Wat, der wieder ohnmächtig wurde, hoch und über den Rand hinweg.

Er wachte eine Minute später auf, den Hals einer Flasche zwischen den Zähnen, und ein Mundvoll beißender Flüssigkeit brachte ihn zum Spucken.

»Meine Tanten meinen, dieses Zeug schadet mehr, als daß es nützt«, sagte Shafto und nahm einen Schluck. »Ich glaube ihnen nicht.«

»Danke«, sagte Wat und stützte sich auf einen Ellenbogen auf. Nach der Sonne zu urteilen, war weniger als eine Stunde vergangen, seit Ettrick die Standarte gesenkt hatte und bergab gestürmt war, doch die einzigen Zeichen der Schlacht auf den Moorlandhängen waren ein paar Gangrels, die verstreute Schwerter, Helme, Schilde der Toten und Schwerverletzten einsammelten. Drei oder vier kleine Gruppen von Northumbriern standen oder lagen herum und warteten darauf, abgeholt zu werden. In der Ferne verschwindende Lastwagen zeigten, wohin man die übrigen gebracht hatte. Das Lazarettschiff hing immer noch zwischen Wolken am Himmel; alle toten und verwundeten Körper außer Wats eigenem waren hinaufgehoben worden. Ein Flugzeug des Roten Kreuzes landete ein paar hundert Meter weiter auf dem Boden; er sah Pflegerinnen mit einer Tragbahre, die sich anschickten, ihn zu holen.

»Du hattest Glück, daß ich dich gefunden habe und nicht der alte Dodds«, sagte Shafto leutselig. »Er hätte dich ins Meer gestoßen. Er meint, du hast das Unentschieden durch einen Trick erzielt – durch einen schmutzigen Trick.«

»Er hat recht. Anzugreifen, nachdem man eine Kapitulation vorgetäuscht hat, ist Kriegführung für Kinder. Als Dad seine Befehle gab, waren wir zu verängstigt und aufgeregt, um nachzudenken.«

»Du wirst dich besser fühlen, wenn die Ärzte dir wieder mehr Blut eingeträufelt haben«, sagte Shafto. »Dein Dad war ein Genie. Er erkannte ein Schlupfloch in den Regeln und nutzte es aus. Die Leute haben die alten Strategien satt – diese Schlacht wird von Millionen auf CDs verwahrt werden. In einem oder drei Monaten sollten wir beide die Köpfe zusammenstecken und sehen, ob wir andere neue Strategien ausarbeiten können - innerhalb der Genfer Konventionen natürlich, immer innerhalb der Genfer Konventionen. Ich möchte dich eines Tages zum Verbündeten haben.«

Als Wat zum Flugzeug getragen wurde, fragte er bitter: »Bin ich der letzte? Sind alle übrigen Ettricks tot?«

»Nein nein nein!« sagte eine Pflegerin beschwichtigend. »Vierzehn leben noch, und die meisten von ihnen können geheilt werden. Dein Bruder Joe wird's überstehen.«

»Gut«, sagte Wat und weinte, wobei er das Gesicht mit den Händen bedeckte. Das Öffentliche Auge schwebte darüber und sagte: »Leb wohl, Wat Dryhope, ein Held unserer Zeit - ein mutiger, nervöser, trickreicher Held, offensichtlich bis ins Mark erschüttert von dem, was irgendwann zur Schlacht des Jahrhunderts gewählt werden könnte, von einem überraschenden Unentschieden in letzter Minute zwischen Ettrick und den fünf Clans von Northumbria United.«

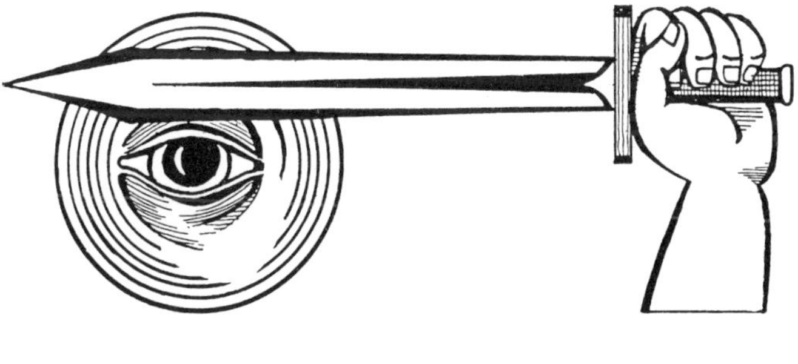

2
PRIVATHÄUSER

Das Rote Kreuz brachte die toten Soldaten in schneeweiße Gewölbe unter ihren Häusern, wo nutzlose Dinge wieder instand gesetzt wurden. Frauen, die sie am meisten geliebt hatten, wuschen die Körper, legten sie säuberlich zwischen ihre Habseligkeiten und die Waffen und Rüstungen, die von den Gangrels zurückgebracht worden waren. Später kam die ganze Familie zu einem letzten Besuch herunter. Schwestern, Nichten, Tanten weinten und umarmten einander. Kinder drückten sich mit kläglicher und verwirrter Miene herum, bis Omas ihnen halfen, ein Gerät, Ornament oder Video auszusuchen, das sie an einen Lieblingsbruder oder -onkel erinnern sollte. Die Lebenden gingen hinaus, und das Gewölbe wurde versiegelt. Klare Flüssigkeit quoll vom Boden her auf, bis sie alles im Innern bedeckte. Die Flüssigkeit wurde schwarz und schaumig wie irischer Stout, versickerte wieder durch den Boden in die Wurzeln der Kraftpflanze und hinterließ das Gewölbe völlig leer und sauber.

Am Tag nach der Bestattung wurde im zentralen Raum um den Kraftpflanzenstiel von Dryhope House eine Morgenandacht abgehalten. Glatt, milchweiß und einen Meter achtzig breit, wuchs der Stiel wie ein Baum vom Fußboden empor durch die Decke. Alle, die noch von der Familie übrig waren, hatten sich darum versammelt – außer drei Mitgliedern der Boys' Brigade. Diese waren im Kriegerhaus und schauten zusammen mit anderen jüngeren Kadetten Wiederholungen des kürzlichen Krieges an. In ein paar Tagen würden sie mit ernsten Gesichtern zurückkehren und erwarten, von den Frauen noch sorgfältiger bedient zu werden. Doch nun hockten, lehnten oder streckten sich ihre Schwestern, Tanten und Omas auf Teppichen und großen Kissen auf dem Boden. Die vier bedeutendsten Urgroßmütter thronten auf Stühlen. Auch die beiden einzigen erwachsenen Männer hatten erhöhte Sitze. Joe, der eine gute Zigarre rauchte, lag in einem Rollstuhl mit Vorrichtungen, die die Stümpfe eines Armes und eines Beines stützten. Wat, leicht bandagiert, fläzte sich auf einer Chaiselongue.

Eine würdevolle Frau von Fünfzig war an jenem Tag Mutter und stand an einem kristallenen Tisch. Die Tischfläche war von farbigen Lichtpunkten gemustert, die von ihren Fingerspitzen erzeugt wurden und sich unablässig veränderten, während sie ein *Sanctus* spielte, das dem Wunder der Transsubstantion seit Jahrhunderten vorangegangen war. Das *Sanctus* endete, und zwei kräftige Mädchen von Zwölf stellten sich ihr an beiden Seiten des Stieles gegenüber. Sie ließ die Orgeltöne verklingen und wandte sich den Aufträgen des Tages zu. Krankenschwestern baten um Zellserum und Protein, die das Wachstum von Joes neuem Arm und Bein fördern sollten, um eine Salbe zur Linderung des Schmerzes in Oma Tibs' rheumatischem Knie und um Elastoplast für das Arzneischränkchen. Die Mutter ließ die Orgel erklingen. Mit einem leisen Summen erschienen die Gegenstände als Diagramme auf dem Stiel, jeweils innerhalb eines Kreises. Klick-, Schwirr- und Gurgelgeräusche waren zu hören, während die Umrisse Farbe und Tönung erhielten. Mit scharfen Explosionen wurden die Bilder zu soliden Gegenständen in runden Höhlen. Die Helferinnen hoben sie heraus und gaben sie den Krankenschwestern. Mit einem dumpfen Dröhnen wandelten sich die Höhlen zu grauen Flecken, die am Stiel verblichen, bis er wieder die makellose, zarte Schattierung von hellstem Rosa besaß. Die Mutter hatte die Klangfolge für das Gehör erträglicher gemacht, indem sie die Töne mit Akkorden aus dem *Agnus dei* von Carver, Palestrina, Bach und Berlioz verquickte; sie überdeckte die letzten Dröhngeräusche mit einem lauten Amen, das zur selben Zeit verhallte, als auch die Flecke auf dem Stiel verblichen.

Dann bestellten die Lehrerinnen Disketten, Papier, Bleistifte, Farbe; die Köchinnen Milch, Käse, Mehl, Zucker, Kaffeebohnen; die Hühnerfrau orderte einen Sack Schrotmehl, einen Sack Mais und eine Erstausgabe von Lindsays *Reise nach Arcturus*; die Tischlerin bestellte Teile für ein neues orthopädisches Bett, das sie für Joe anfertigte; Weberinnen und Stickerinnen baten um Garn und Seide unterschiedlichster Farbe. Als alles geliefert war, hatte der Stiel eine rosenrote Tönung angenommen; ein Pochen war von den unterirdischen Wurzeln her zu hören, und der Raum hatte sich abgekühlt – unverkennbare Zeichen der Pflanzenerschöpfung.

»Nun einen leichten Auftrag«, sagte die Mutter. »Oma Tibs?«

Oma Tibs war hundertzwanzig Jahre alt. Sie bestellte

eine Puppe für ihre zweijährige Urururururenkelin. Die sollte genau wie eine Puppe sein, mit der sie ihrer Erinnerung nach im selben Alter gespielt hatte – eine Porzellanpuppe mit gelocktem gelben Haar, blauen Augen und einem dazu passenden Seidenkleid, das hinten eine große Schleife hatte. Als das Diagramm erschien, fiel ihr ein, daß das Haar nicht gelockt, sondern glatt gewesen und zu zwei langen Zöpfen mit Schleifen an den Enden geflochten war. Auch das Kleid, *Dirndl* genannt, sei von historischer Art gewesen; die Frauen von Bolivien oder Kalifornien hätten es getragen, und – dies vielleicht als Anhaltspunkt – sie habe es in einem Buch mit dem Titel *Heidis Lehr- und Wanderjahre* gesehen, das im achtzehnten oder vielleicht neunzehnten Jahrhundert herausgekommen sei. Zudem habe die Puppe gar nicht aus Porzellan, sondern aus Stoff bestanden. Es dauerte sehr lange, genau die Puppe zu bestellen, die Oma Tibs in Erinnerung hatte, und unterdessen waren die Farbe des Stieles und die Raumtemperatur wieder normal geworden. Nun meldeten sich die Kinder zu Wort. Eine junge Juwelierin wünschte sich zweihundert Gramm Silberdraht und wurde überredet, hundert Gramm Kupfer zu akzeptieren. Eine junge Bildhauerin, die um sechs Kilogramm Ton bat, wurde aufgefordert, ihn in Mountbenger abzuholen, wo ein paar Tanten eine Töpferei betrieben; sie sagte, sie hasse Mountbenger wegen eines dort wohnenden Jungen, also gab man ihr eine vierseitige geologische Anleitung, damit sie einen eigenen Tonvorrat finden könne. Ein sehr junger Holzarbeiter wollte einen scharfen neuen Beitel, doch die Tischlerin sagte, sie werde ihm beibringen, seinen alten zu schärfen. Diese Antwort führte zu Schreien der Entrüstung, die die Mutter mit einer Salve fröhlicher Klänge übertönte.

Schließlich wandte sie sich den Männern zu und fragte: »Zigarren, Joe?«

»Ich habe alles, was ich brauche, Tantchen«, erwiderte er und blies einen Rauchkringel in die Luft.

Sie sagte: »Wat, du siehst bedürftig aus.«

»Wirklich? Dann gib mir etwas, das Erinnerungen verhindert.«

»Du kannst Tranquilizer oder Neuroleptika haben, Gilbey's London Gin, The Macallan, Courvoisier oder tausend andere Derivate von Alkohol, Opium und Kokain.«

»Ich möchte nichts, das meine chemische Zusammensetzung verändert«, sagte er kühl. »Gib mir ein Geschichtsbuch, aber kein statistisches - ein Buch, das sich wie etwas Gesprochenes liest.«

»Über welche Periode?«

»Eine Periode der Aufregung, als die Menschen eine bessere Welt zu schaffen meinten.«

Nur die Mutter schaute Wat direkt an, doch im Raum schien eine neue Wachsamkeit aufgekommen zu sein, die von allen außer den Jungen, der ältesten Urgroßmutter, Kittock der Hühnerfrau und - anscheinend - Joe geteilt wurde.

»Es gab viele solche Zeiten«, sagte die Mutter. Sie drückte eine Orgeltaste, und eine Tabelle mit Namen und Daten erschien auf dem Stiel.

»Die Gründung Israels, nach oder vor Christus?« schlug sie vor. »Die Entstehung des Islam? Kinderkreuzzug? Bauernaufstand? Französische Revolution? Über jedes Thema sind mehr Bücher geschrieben worden, als es Alkoholsorten gibt.«

In der sich anschließenden Stille wurde Wat rot vor Verlegenheit. Alle schienen ihn zu beobachten. Eine ruhige, monotone, doch seltsam singende Stimme fragte: »Hast du *Zehn Tage, die die Welt erschütterten* gelesen, Wat?«

Kittock, die Hühnerfrau hatte gesprochen, ohne die Augen von dem Roman auf ihrem Schoß zu erheben.

»Nein«, sagte Wat dankbar.

»Dann ist das genau das richtige Buch für dich.«

Also bestellte Wat *Zehn Tage, die die Welt erschütterten*, Reeds Schilderung der Moskauer Politik von 1917. Die Pflanze verdinglichte das Buch. Ein Mädchen gab es ihm.

»Komm nach draußen, Wat«, sagte Joe und setzte seinen Rollstuhl in Bewegung. »Ich muß ein paar Hügel sehen.«

Wat folgte ihm, blieb jedoch stehen, als die Mutter erklärte: »Wat, du hast einen Vater, Brüder und Freunde verloren. Wir haben Brüder, Geliebte und Söhne in einem Krieg verloren, den wir nie wollten.«

»Ich habe natürlich Mitleid mit euch«, sagte Wat und zuckte die Achseln. »Aber in einigen Tagen wird ein Zirkus hier eintreffen. Männer werden aus ganz Schottland und von noch weiter herkommen. Macht das Beste daraus.«

Er schritt durch die Tür.

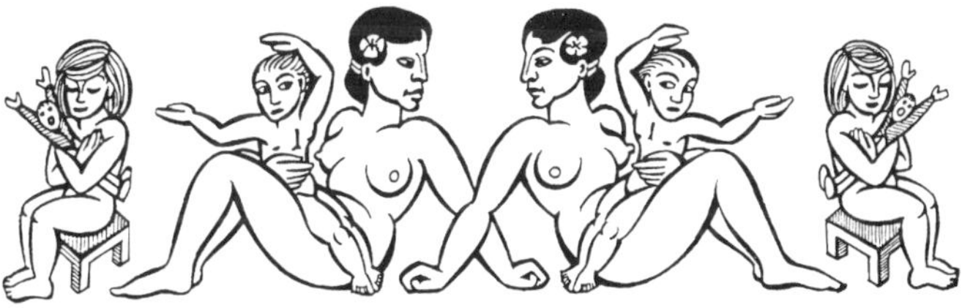

An diesem sonnigen Frühlingstag warf das vorspringende Dachgesims von Dryhope House einen deutlichen Schatten auf die umliegende Veranda. Joe saß hier und genoß die Aussicht mit dem scharfen Stirnrunzeln eines Verhungernden, der nicht recht an die vor ihm stehende Mahlzeit glauben kann. Unter der Veranda hervor floß reines Wasser in eine Reihe von Teichen, die durch

Wasserfälle miteinander verbunden wurden. Der nächstgelegene enthielt Forellen und Kressen und ein marmornes Vogelbad, das wie ein Flugzeugträger des zwanzigsten Jahrhunderts geformt war. Der zweite war ein Spielteich, in dem Kleinkinder planschten und quiekten; sie befanden sich im Blickfeld von zwei zehnjährigen Tanten, die nebenan auf einem Rasen ruhten und tratschten. Der dritte war ein Fischteich in einem Gemüsegarten, der sich um das ganze Haus herumzog. Der vierte war ein Ententeich, von dem aus der Dryhope-Bach durch ein mit Obstbäumen und Beerensträuchern bepflanztes Tal floß. Am rechten Ufer stand Dryhope Tower, eine alte Feste, die nun von der Hühnerfrau bewohnt wurde. Der ansteigende Hang verbarg das Land unmittelbar dahinter, aber nicht das fast einen Kilometer entfernte Saint Mary's Loch. An diesem Tag spiegelte die ruhige Oberfläche die hohen umliegenden Hügel mit ihren Wäldern aus Kiefern, Eichen, Birken und Ebereschen genau wider, ebenso wie drei Häuser am Ufer. Oxcleuch, Cappercleuch und Bowerhope ähnelten Dryhope: große, von niedrigen Mauern umgebene Villen mit breitem Gesims. Jede besaß den schlanken weißen, umgekehrten Zapfen eines Kraftpflanzenstiels, der nach den ersten dreißig Metern schemenhaft und unsichtbar wurde. Die Wipfel schienen sich auf der Höhe der Wolken zu befinden; jeder war eine Scheibe aus hellem Dampf, von der ein Dampfstreifen mit dem Wind nach Osten trieb. Mehr als fünfzig solcher Scheiben prägten das Aussehen des Himmels. Die fernsten - oberhalb der Kraftpflanzen von Moffat, Eskdale und Teviot - erschienen auf den Keilen blauer Luft zwischen den Hügeln wie winzige Pünktchen. Dampffahnen, die von diesen und vielen weiteren im Westen ausgingen, zogen parallele Streifen durch das Himmelsblau. Sie waren heute kräftiger, wie immer nach großen Bestattungen.

Joe zeigte mit seinem einzigen Fuß auf diesen Anblick und sagte versonnen: »Da draußen gibt's eine Menge Gutes.«

»Aber du spürst es nicht«, meinte Wat, der lesend und mit gekreuzten Beinen auf einem Vorleger neben Joe saß.

»Noch nicht.«

»Vielleicht wirst du dich nie wieder als ein Teil dieses Guten fühlen. Ich habe die Empfindung in meiner ersten Schlacht verloren.«

»Pessimist. Ich bin nicht wie du. Ich werde mich so gut fühlen wie immer, wenn ich meinen Arm und mein Bein zurückhabe.«

Joe blickte nachdenklich hinunter auf die Kristallzylinder, die aus seiner rechten Schulter und seinem rechten Schenkel herausragten. Winzige Kernkraftmotoren in der rosig-braunen Brühe im Innern schoben die Zellen neuer Gliedmaßen langsam zusammen, doch ein Monat würde vergehen, ehe die Umrisse von Knochen erschienen. Joe seufzte. »Du hast die da drinnen ganz schön nervös gemacht. Du solltest dir übelklingende Bemerkungen für mich oder das Kriegerhaus aufheben.«

»Die Frauen von Dryhope sind dumm!« sagte Wat kühl. »Sie glauben, daß ich um Dad trauere – um den verrückten alten Sack.«

»Es sollte dir möglich sein, um Dad zu trauern«, sagte Joe sanft. »*Ich* trauere um ihn, obwohl er dich am meisten liebte, mehr als jeden anderen, weil du unser wackerster Kämpfer bist und dich immer mit ihm gekabbelt hast. Er mochte Gezänk. Trauerst du um die Bairns?«

»Wut, nicht Sorge ist meine Krankheit. Wie konnte unser verfluchter alter Erzeuger fast ganz Ettrick dazu verleiten, für eine Stange mit einem Blechhuhn obendrauf zu sterben? Warum wollte er, daß wir weiterkämpfen, nachdem die vernünftigen Anführer von Teviot und Eskdale, Liddesdale und Galawater kapituliert hatten? Ich werd' dir sagen, warum. Er war über seinen Höhepunkt hinaus und wußte, daß er in seinem letzten Krieg kämpfte. Er wollte unsere ganze Armee in die Wurzeln mitnehmen. Unsere Bairns wurden abgeschlachtet, weil unser Vater vor Alter und Einsamkeit Angst hatte.«

»Er sorgte dafür, daß man sich an uns erinnern wird! An uns alle! An die Lebenden und die Toten!« sagte Joe mit einem leichten, festen Lächeln. »Auch an die Bairns, in erster Linie an die Bairns. ›All meine Küken sind zu Adlern geworden‹, sagte er. Oh, er hatte recht. Bürschchen von Vierzehn haben niemals zuvor beschlossen, so zu sterben - nicht seit dem Anbeginn des Fernsehens. Wenn Geschichte keine Sache der Vergangenheit wäre, würde ich sagen, daß Ettrick sie vor zwei Tagen *gemacht* hat. Es war Dads Strategie, aber nur du hattest den Mumm, die Standarte zum Klippenrand zu bringen und den Mann zu töten, dem du sie übergabst ... Was ist los?«

»Ich erinnere mich an sein Gesicht«, murmelte Wat nach einem Moment. Er hatte das Buch fallen lassen und kaute an seinen Nägeln. Joe fragte leise: »Eine Zigarre?« und hielt Wat eine hin.

»Nein.«

Nach einer Minute des Schweigens sagte Joe versöhnlich: »Du irrst, wenn du meinst, daß Dad uns alle mit in den Tod nehmen wollte. Er rettete mich, indem er sich über mich fallen ließ, als Dodds' Schlächter auf uns beide einhackten - das war kein Zufall. Aber du kannst mich nicht aus der Fassung bringen, Wat - du bist nicht normal. Du bist ein Held. Ich bin stolz auf das, was du getan hast. Und es ist mir egal, wenn mir dies alles ...« - er wedelte mit seiner einzigen Hand zur Aussicht hin - »... nie wieder lieblich vorkommt. Der Stolz wird mich weitertreiben, genau wie er dich treibt.« Er schaute auf Wat hinunter, der wieder las oder es zumindest vortäuschte. Joe sagte: »Wie kann ein Soldat, der unseren letzten Krieg für zu blutig hält, das alles vergessen, indem er ein Buch über finstere Zeiten liest, in denen Männer Kriege ohne Regeln führten und friedliche Häuser niederbrannten, mit Bomben bewarfen, ausplünderten, in denen sie ganze Familien von Frauen Kindern und Alten ermordeten vergewaltigten, versklavten - und in ihren schmutzigen Zeitungen damit prahlten! Ich haßte Geschichte schon, als ich noch klein war. Wenn Oma Pringle uns Filme aus jenen Tagen zeigte, hatte ich Alpträume!«

»Ich lese von Menschen, die sich abmühten, das alles zu beenden«, erwiderte Wat. »Sie waren die größten Helden.«

»Gut, mag sein, aber es waren die Kraftpflanzen, die all das beendeten.«

Für eine Weile hörte man nur das Spatzengezwitscher auf dem Vogelbad, die Rufe und das Planschen von Kleinkindern und ein dumpfes, fernes Krachen von Oxcleuch her, wo etwas Metallisches synthetisch hergestellt wurde. Joe fragte: »Wie würdest du sterben wollen, Wat, wenn nicht in einer Schlacht, die man sich jahrhundertelang immer wieder vorspielt?«

»Durch Herzversagen, während ich ein Kohlbeet jäte.«

»Ja, nur Bekloppte verachten die Gartenarbeit«, sagte Joe gedankenvoll. »Aber Soldaten wie wir haben dafür keine Geduld.«

Wat steckte sein Buch in die Tasche und stand auf.

»Du bist kein Dummkopf, Joe«, sagte er. »Außerdem bist du mutig, ehrlich und freundlich, deshalb wirst du unser nächster General sein.«

»Ich? General Joe von Ettrick? Warum nicht General Wat?« fragte Joe mit einem schüchternen Grinsen. »Du bist unser Held.«

»Ich bin launenhaft - ein Typ wie Hamlet, gut für plötzliche Sprints, aber nutzlos auf lange Sicht. Ich gehe jetzt.«

»Ja, ein Ritt wird dir helfen, dich zu entspannen. Arrangiere auch einen für mich.«

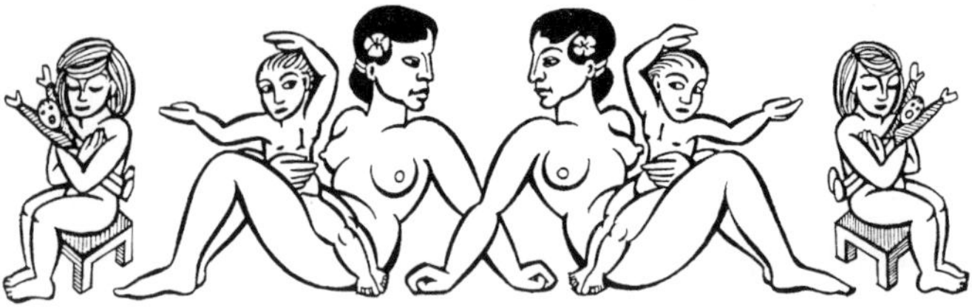

Wat ging hinunter zum Rasen, zeigte der größeren der kleinen Tanten seine bandagierten Handflächen und sagte höflich: »Leih mir deine Hände, Tantchen Jean, diese hier taugen nicht viel.«

Sie sprang erfreut auf und trabte neben ihm her durch einen Obstgarten mit Bienenstöcken unter den Bäumen. Sie betraten einen Stall, dessen Hintertür auf den Gemeindeplatz an der entfernteren Seite des Wildzaunes hinausführte, gingen hindurch und holten Sattel, Zaumzeug, Zuckerstücke und Pfeife aus der Geschirrkammer. Auf dem Gemeindeplatz weideten mehrere Pferde unweit eines Wassertrogs.

»Ich brauche ein erfahrenes altes Tier«, sagte Wat. »Sophia dürfte die Richtige sein.«

Er blies drei Töne auf der Pfeife. Ein gesetzter Apfelschimmel mit langer Mähne und langem Schweif kam näher, ohne mit dem Grasen aufzuhören.

»Ich weiß, wohin du willst! Ich weiß, wohin du willst!« rief Tantchen Jean aufgeregt. Wat warf den Sattel über den Pferderücken, bot dem Tier Zucker an und hielt den Kopf, während Jeans kräftige kleine Hände das Zaumzeug überzogen und Schnallen und Gurte befestigten. Wat musterte die Schnallen, schob den Fuß in den Steigbügel, hievte den größten Teil seines Körpers auf den Pferderücken und gelangte mit einigem Ächzen aufrecht in den Sattel.

»Ich werde dich führen!« rief die herumhüpfende Jean. »Ich werde dich zu all den geilen Tantchen von Craig Douglas führen!«

»Kommt nicht in Frage«, sagte Wat. »Gib her.«

Mit einem ärgerlichen Schmollen reichte Jean ihm die Zügel. Er packte sie ungeschickt mit den Daumen und sagte: »Du weißt nicht, wohin ich reite, Jean. Gib ihr einen Klaps, und leb wohl.«

Jean drehte die Stute, so daß ihr Kopf bergab nach Osten wies, und versetzte ihr einen Schlag aufs Hinterteil. Sophia, die ihren Reiter gern mochte, setzte sich rasch in Bewegung, aber er drehte sie bergauf nach Norden.

Über sanfte Hänge hielt er auf Hawkshaw Rig zu, wandte sich jedoch später nach rechts in ein Tal zwischen jenem Anwesen und Wardlaw, überquerte dann einen schnell fließenden Bach und ritt hinab in die Wälder hinter Craig Douglas House. Er hoffte, das Gelände ungesehen zu erreichen, aber es gelang ihm nicht. Die Hintertür im Wildzaun knallte auf, als er sich näherte; vier Jungen rannten heraus und kämpften einander schubsend um die Ehre, ihm beim Absteigen zu helfen und Sophia in den Stall zu bringen.

»Wenn Jean mich gekleipt hat, ist sie ein sliekketes kleines Biest«, sagte er zu den Jungen. Sie antworteten nicht. Wat trat aus dem Stall in den Garten. Alle Kinder und Jugendlichen von Craig Douglas standen zur Linken und Rechten des Pfades und starrten ihn an. Sogar Babys in den Armen älterer Schwestern betrachteten ihn mit schweigender Verwunderung. Er blieb stehen und sagte: »Als ich das letztemal hierher kam, wart ihr viel lauter.«

Niemand sprach.

»Hast du keine Geschichte für mich, Annie?« fragte er ein hochgewachsenes Mädchen mit humorvollen Gesichtszügen.

Sie erwiderte leise: »Wir sind froh, daß du nicht so zurückgekommen bist wie unsere Onkel, Wat.«

Er zuckte die Achseln, ging zum Haus und sah eine Mutter, die ihn auf der Veranda erwartete. Eine Woche zuvor war sie angenehm drall gewesen; nun hatte sie dunkle Höhlen unter den Wangenknochen und rotgeränderte Augen. Er sagte barsch: »Du siehst zwanzig Jahre älter aus, Mirren.«

Sie erwiderte abweisend: »Du bist genauso wie immer. Bist du gekommen, um deine Kumpel zu besuchen?«

Er überlegte einen Moment. Die Außenwände des Hauses und die meisten Innenwände waren zur Zeit transparent. Nur das dunkelwandige Krankenzimmer und das Zimmer der Frau, die er besuchen wollte, erlaubten keinen Blick ins Innere. Er seufzte und nickte.

Wat folgte der Mutter ins Haus und durch mehrere Räume. Unterwegs schauten ihn nur junge Frauen direkt an. Omas, Matronen und sogar ein Mädchen, das einem Kleinkind die Brust gab, ignorierten ihn oder blickten zur Seite. Das beunruhigte ihn viel mehr als das Schweigen der Jungen vor dem Haus. Er wurde ins Krankenzimmer gebracht, wo fünf große durchscheinende Kästen standen; jeder enthielt eine Art rosigen Nebel mit einem komplizierten Schatten darin. Die Mutter drückte auf den Knopf. Das Krankenzimmer verdunkelte sich, aber die Schatten wurden zu den gut beleuchteten Körpern von jungen, nackten, übel zerstückelten Männern. Neben jedem Rumpf schwebten Gliedmaßen und Organe, die wie durch Spinnweben mit den Körpern verbunden waren.

Nur einer ließ Bewegungen erkennen: Augen zwinkerten langsam im Takt mit einem Mund, der sich öffnete und schloß wie ein Fischmaul. Kein Zeichen von Intelligenz war in dem Gesicht. Wat wandte diesen Gegenständen abrupt den Rücken zu. Die Decke des Raumes wurde klar und ließ wieder Sonnenlicht herein.

»Ihr könnt sie heilen?« fragte er mit vor Unglauben schriller Stimme.

»Kann sein. Vielleicht. Es wird Jahre dauern, aber das sind ja ganz junge Burschen.«

»Mirren, von Charlies Kopf ist kaum noch etwas da.«

»Ihm wird ein neuer wachsen, wenn wir das Herz wiederherstellen können. Das neue Gehirn wird seinen Charakter, wenn auch nicht seine Erinnerungen haben.«

»Unsere Erinnerungen *sind* unser Charakter, Mirren.«

»Dann werden die Mütter und Schwestern, die ihn lieben, seine Erinnerungen wiederherstellen, Wat Dryhope. Wir werden ihm all die guten Dinge zurückgeben, die der Krieg weggeschnitten hat, aber *du* wirst nicht dazugehören, Wattie! Wenn er wieder anfängt zu denken, werden wir ihn nur an das erinnern, was harmlos ist!«

»Du bist so wütend vor Kummer, daß du Blödsinn redest, Mirren. Ich weiß, es ist eine grausame Ungerechtigkeit, daß ich so gut wie unverletzt bin und deine Burschen fast tot sind, aber ich war derjenige, der sich für ihre Rettung eingesetzt hat. Sie lehnten es ab. Hast du vergessen, daß der verdammte Daddy Jardine in diesem Haus von Craig-Douglas-Frauen geboren und aufgezogen wurde? Der obstrapulöse Dünkel unseres Generals wurde nicht durch die Tantchen von Dryhope genährt.«

»Keine Frau auf Erden nährte Jardines Dünkel!« rief Mirren. »Er erhielt ihn im Kriegerhaus. *Wir* verhöhnten ihn nie wegen seiner Kleinheit; andere Soldaten taten es, bis er zeigte, daß er draufgängerischer war als sie und

Schläge einstecken konnte, ohne lautstark zu protestieren. Also machten sie ihn zu ihrem Maskottchen, dann wählten sie ihn zu ihrem Chef, und danach sah Craig Douglas ihn nie wieder - außer durch das Öffentliche Auge -, bis uns das Rote Kreuz vor zwei Tagen seine Überreste zusammen mit sechzehn anderen Leichen und den Stücken zurückgab, zu denen du dich nun vor Angst nicht umdrehen kannst. Frauen hatten nichts damit zu tun, daß Jardine Craig Douglas zu einem verdammten Helden gemacht wurde. Ja, er zeugte Weans in jedem zweiten Haus von Yarrow, aber er wollte Frauen nur für eine einzige Sache. Wie alle Soldaten liebte er in Wirklichkeit nur Männer!«

Wat hörte mit gesenktem Kopf zu und sagte dann: »Stimmt alles, Tante Mirren, aber Frauen sind nicht ganz unschuldig, was das Kriegsspiel angeht. Ihr eignet euch nicht zum Kämpfen wie wir - die Welt besitzt kaum ein Dutzend Stämme von Berufsamazonen -, aber viele Mädchen, ja, und viele Frauen sind verrückt nach Soldaten. Ich bin ein reizloses Scheusal, deshalb gönnten mir nur wenige Frauen außerhalb von Dryhope House einen Blick, als ich von den Sternen heimkam - jedenfalls so lange, bis ich für Ettrick kämpfte und etwas Talent bewies.«

»Ich kann dir gegenüber nicht fair sein, Wat«, sagte die Mutter und trocknete sich die Augen. »Geh zu Nan.«

Er eilte zu dem anderen Zimmer mit undurchsichtigen Wänden und schaute zur Decke, um niemandem in die Augen sehen zu müssen, bevor er es erreichte. Ein Mädchen im Teenageralter, gefolgt von einem anderen, hüpfte heraus, gerade als er eintreten wollte. Er ging hinein und schloß die Tür, indem er einen schweren Gobelinvorhang zuzog. Dann wandte er sich zu der Frau im Innern und sagte: »Da bin ich, Nan! Ein seltenes Geschöpf - nämlich ein Ettrick-Krieger, dem nichts Offensichtliches fehlt. Aber ich kann die Finger nicht bewegen, fühle mich zu neun Zehnteln tot und geschlechtslos wie eine Niepe. Magst du Wat Dryhope immer noch?«

Sie lächelte und winkte ihn heran.

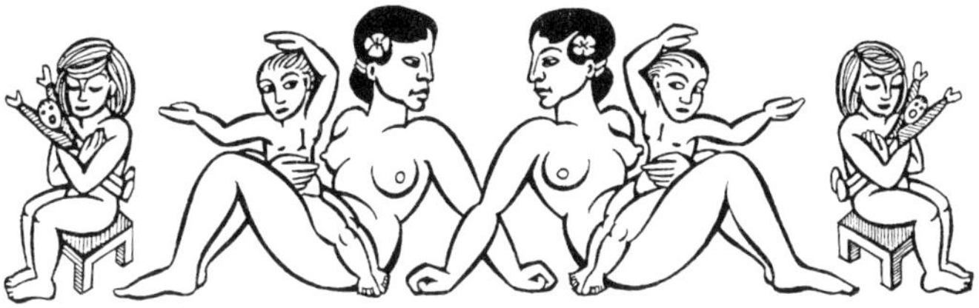

Am nächsten Morgen weckte sie Wat auf, als sie seine Arme von ihrem Körper löste. »Du brauchst mich nicht so festzuhalten, ich renne schon nicht davon.«

Sie schlüpfte aus dem Bett und zog sich ein langes, lockeres Hemd über. Er stützte sich auf einen Ellenbogen, um sie zu beobachten. Nan spielte auf einer für ihn unsichtbaren Tastatur, ließ ein helles, rundes Fenster in der Wand vor sich entstehen und schob es hoch, bis es einen Falken, der auf dem obersten Ast einer Waldkiefer hockte, und den Gipfel von Whitelaw vor einem bleichen Himmel einrahmte. Im hereinfallenden Licht öffnete Nan elegante Kästen, die die Zutaten für eine Mahlzeit enthielten, und bereitete das Frühstück zu.

Sie war fast Vierzig, hatte kurzes dunkles Haar und ein lebhaftes, kluges Gesicht, das alles, was sie erblickte, zu schätzen wußte. Während sie ein Ei pochierte, erzeugte ihre konzentrierte Miene ein schwaches Lächeln an den Mundwinkeln; ein humorvoller Ausdruck, den ihre Töchter ererbt hatten. In der Nähe stand ein Webstuhl, an dem sie gemusterte Teppiche, Türvorhänge, Kissen wob, durch die sich dieses Zimmer von allen anderen unterschied; daneben war der Bildschirm, an dem sie neue

Muster entwarf oder Musik machte. Sie hatte eine Begabung für jede lohnende Kunst und handhabte Geräte mit einer raschen Mühelosigkeit, die Wats Geist so sehr besänftigte, wie ihre Finger den Rest von ihm in der Nacht zuvor besänftigt hatten. Er sagte: »Ich möchte bei dir bleiben, hier in diesem Zimmer, bis alle Meere austrocknen, mein Schatz, und bis die Felsen in der Sonne schmelzen. Erlaubst du es mir für ein oder zwei Wochen?«

»Kriegsmüdigkeit?« fragte sie und musterte ihn prüfend.

»Nein. Ich fürchte mich vor Neuigkeiten aus Genf.«

»Du hast Angst, daß man dein Unentschieden mit Northumbrien für ungültig erklärt?«

»Nein. Ich *hoffe*, daß man es für ungültig erklärt. Dadurch wird man selbstmörderische Heldentaten abwenden, die zum Fluch der ehrlichen Kriegführung geworden sind, besonders in Schottland.«

»Wovor hast du dann Angst?«

»Hast du unsere letzte Schlacht gesehen?«

»Natürlich nicht. Keine anständige Frau, die einen Sohn geboren hat, sieht sich Schlachten an.«

Langsam, fast widerwillig erklärte Wat ihr, daß jemand, den er kannte, einen Schlag gelandet habe, der wie ein Foul erscheine und als solches beurteilt werden könne.

»Wer war das?« fragte Nan und musterte Wat noch eindringlicher.

»Wenn Genf ihn verurteilt, wirst du es bald erfahren«, sagte Wat trübselig. »Wenn nicht, werde ich versuchen, die Sache zu vergessen. Laß mich zwei Wochen hierbleiben, Nan.«

Sie gab energisch zurück: »Unmöglich. In einer Stunde werde ich Mutter, und ich kann keinen ganzen Haushalt bemuttern, wenn du hier herumlungerst und bedient werden willst. Hoch mit dir.«

Sie stellte einen Becher Kaffee, der mit einem Deckel verschlossen war, so hin, daß sein Mund ein oben herausragendes Röhrchen erreichen konnte. Dann setzte sie sich, einen Teller auf dem Schoß, an die Bettkante und fütterte ihn mit Toastscheibchen und pochiertem Ei. Sie sagte: »Geh in Annies Zimmer - sie ist wild auf dich und hat keine Pflichten. Bleib dort so lange, wie du willst. Sie wird dadurch etwas lernen. Craig Douglas braucht jetzt mehr Bairns, und *ich* möchte keines mehr austragen.«

Er stöhnte. »Annie ist für mich wie eine kleine Schwester.«

»Ja, weil du sie nie ansiehst. Mach das mal. Dick Megget war ihr Dad. Die Meggets haben seit drei Generationen nicht mit den Dryhopes gefickt, es gibt keine Inzestgefahr.«

Er sagte verträumt: »Bei dir, in diesem Zimmer, fühle ich mich besser und selbstsicherer als irgendwo sonst auf der Welt.«

»Das bezweifle ich. Annie sagt, du hättest in der letzten Schlacht verdammt selbstbewußt gewirkt. Sie spielt sich das Band sechsmal am Tag vor. Sie sagt, du seist großartig. Warum bist du bei mir nicht großartig?« Er machte ein finsteres Gesicht. »Kopf hoch! Du warst mein Lieblingssoldat, lange bevor die übrigen zerhackt wurden. Ich mochte dich am liebsten, weil du *nicht* den großen Helden spieltest. Aber in der Schlacht bist du besser als andere. Wieso?«

»Leicht gesagt«, erwiderte Wat mit trüber Stimme. »Ich bin zumeist unbeholfener als andere Männer, weil mir das Leben weniger gefällt. Deshalb verleiht die Gefahr diesem Körper Geschwindigkeit, ohne dieses Gehirn durcheinanderzubringen. Die meisten Soldaten haben nur Spaß an Schlachten, wenn sie zurückblicken - beim Kämpfen sind sie zu aufgeregt, um nachzudenken, und tun es automatisch. Ich denke nüchterner und schlage schneller, während ich kämpfe, deshalb macht es mir schon zur selben Zeit Spaß. Hinterher deprimiert mich die Erinnerung. Ich wünschte, daß ich eine andere Begabung hätte.«

»Ich weiß noch, daß du vor sechs Jahren ein komischer, schlaksiger, gescheiter Bursche warst, der die Sterne besäen wollte und dessen Bewerbung angenommen wurde. Warst du dort zu nichts nutze?«

»Nein, ich konnte die Arbeit tun, aber ich haßte die Enge in den Satelliten, haßte es, daß jedes Gramm Luft, das wir atmeten, oder jedes grüne Ding, das wir ansahen, von menschlichem Geschick zustande gebracht worden war. Natürlich haßte ich nicht alles. Etwas Gutes an den Satelliten ist ihr Mangel an Nährstoffen für unsere Art Kraftpflanzen, deshalb verdienen sich Männer und Frauen ihren Lebensraum, indem sie gleichberechtigt zusammenarbeiten. Die Männer haben keine Zeit für Kriege. Manchmal fechten sie Duelle aus, aber fast nie bis zum Tode. Viele Paare leben als Mann und Frau zusammen und halten Erdenmänner für faule, lüsterne, kriegerische Primitive. Ich stimmte ihnen darin zu, aber ich konnte die Einkapselung nicht aushalten, in der sie leben. Egal, für mich waren die Satelliten nur Trittsteine ins Universum, wo Unsterbliche neue Welten schaffen – und dieses Universum haßte ich am meisten. Die Wüsten aus totem Fels und gefrorenem Stuhr zwischen den kuppelbedeckten Kratern waren mir zuwider. Die Sterne sind gräßlich dort draußen, weiß, beständig und intensiv. Guck dir zwei von ihnen an, und wenn du wie ich mit guten Augen gestraft bist, siehst du bald hundert dazwischen. Guck dir zwei von denen genau an, und das gleiche geschieht, wie nahe sie auch wirken mögen. Ich verlor jedes Gefühl für Dunkelheit zwischen ihnen. Aber nicht die gewaltige Dunkelheit, sondern die endlosen Lichter, die Millionen von Sternenlichtern gaben mir die Empfindung, selbst weniger als ein Stäubchen Stuhr zu sein – ich fühlte mich wie eine Null. Ich stapfte mit Groombridge, der prüfte, ob ich für die Unsterblichkeit taugte, durch eine dieser Wüsten. Er sagte, Unsterblichkeit werde mich wahnsinnig machen, wenn ich keinen guten Grund dafür hätte, und der einzige gute Grund seien die Staubkörner unter unseren Stiefeln, die Millionen Sterne über unseren Helmen. Er sagte, das Schweigen dieser Räume sei nicht entsetzlich für die Geister im Informationsnetz, die sich verschworen hätten, das alles zum Leben zu erwecken. Aber Generationen von Sterblichen würden untergehen und vergessen sein, bevor Mars, Venus und die Monde von Jupiter und Saturn den Boden und die Luft besäßen, mit deren Hilfe sich Pflanzen und Intelligenzen frei entwickeln könnten. Deshalb müßten Menschen, die sich für die Unsterblichkeit entscheiden, bereit sein, fast völlig in der Zukunft zu leben. Der Hauptunterschied zwischen *Neosapientes* und *Protosapientes* (so nennen die Unsterblichen sich selbst und uns) sei, daß die Neosapientes desto mehr über die Zukunft wüßten, je länger sie lebten, während wir desto mehr über unsere Vergangenheit wüßten, je länger wir lebten. Groombridge meinte, Sterbliche klammerten sich mit dem Alter fester an die Vergangenheit. Deshalb habe unser Leben eine tragische Süße, die den Neosapientes fehlt, eine schmerzliche Süße, die von Erinnerungen an unsere verlorene Kindheit, unsere verlorene Liebe, unsere verlorenen Freunde, unsere verlorenen Möglichkeiten, unsere verlorene Schönheit et cetera herrührt – mit anderen Worten, von unserem verlorenen *Leben*. Er sagte: ›Unsere Verjüngungsbehandlung enthält immer noch eine peinliche Fülle an frühen Erinnerungen, aber in zwei oder drei Jahrhunderten werden wir das überwinden. Wenn Sie unsterblich werden, Mr. Dryhope, dürften Ihre ersten fünfzig Jahre in Ihrem fünftausendsten Jahr von jüngeren, dringenderen, nützlicheren Erinnerungen ausgelöscht worden sein, von denen Sie die meisten durch eine virtuelle Tastatur und einen Scanner oder durch ihr zukünftiges Gegenstück erhalten. In Ihrem fünftausendsten Jahr ist es möglich - und in Ihrem fünfmillionsten unvermeidlich -, daß Sie in einer anderen Galaxie in einem Körper arbeiten, dessen Gestalt wir jetzt nicht voraussagen können. Zu jenem Zeitpunkt wird der Planet Ihrer Herkunft, wie unzählige andere Welten, zu deren Umformung Sie beigetragen haben, natürlich nicht einmal mehr eine Ziffer in Ihren Berechnungen sein. Stoße ich Sie vielleicht ab, Mr. Dryhope?‹ Ja, er skannerte mich wie ein Geschöpf, das ich einmal in einem Aquarium sah. Es war harmlos, aber ich konnte es nicht ansehen, weil es durch Löcher atmete, aß und ejakulierte, die nach meiner Meinung an den falschen Stellen saßen. Er hatte es geschafft, daß ich mich nicht mehr wie eine Null fühlte, sondern wie ein Minus - wie eine Leere mit einem Schmerz darin. Ich mußte zu Dingen zurückkehren, die so schön und vergänglich sind wie du und jene dort.«

Er zeigte auf die grünen Hügelkuppen und den Vogel auf dem Ast und begann, an seinen Nägeln zu kauen. Sie setzte dem ein Ende, indem sie den Teller hinstellte und Wat küßte.

Später wusch sie ihn, trocknete ihn ab und zog ihm saubere Kleidung an. »Spiel bei Annie nicht zu sehr das hilflose Kind, sie hat noch keine eigenen. Deine Hände werden bald heilen, wenn du die Finger bewegst.«

Er fragte: »Nan, gibt es ein gütiges, erfahrenes Wesen in Craig Douglas, das meinen Bruder Joe besuchen würde, dem ein Arm und ein Bein fehlen? Drei seiner anderen Gliedmaßen funktionieren noch - vier, wenn man die Zunge mitzählt.«

Nan sagte, sie werde darüber nachdenken.

»Und Nan«, murmelte er und mied ihren Blick, »es gibt kein gütigeres oder erfahreneres Wesen in Craig Douglas als dich, aber bitte, laß jemand anderes gehen.«

Sie starrte ihn an und lachte. »Vielleicht wärest du in den schlimmen alten historischen Tagen glücklicher gewesen, als ein Mann die Pflicht hatte, eifersüchtig zu sein, aber ich habe meine Zweifel.«

Die Überlebenden großer Gemetzel begriffen, daß sie den Frauen ihres Clans helfen mußten, verlorene Kameraden zu ersetzen. Deshalb war es Pflichtgefühl, nicht Begehren, das Wat in Annies Zimmer führte. Abgesehen von einer homoerotischen Affäre im Kriegerhaus waren alle von Wats Geliebten bis jetzt älter gewesen als er. Daher wäre er beim Anblick der kindlichen Einrichtung von Annies Zimmer fast umgekehrt. Regale waren mit Kuscheltieren, romantischen Videos über historische Liebhaber und komischen Videos über sprechende Tiere vollgestellt. Die typische Bildercollage eines jungen Mädchens bedeckte die Wände; sie zeigte Annie in vielen Stimmungen und Kleidern vom Baby- bis zum Teenageralter, dazwischen Bilder von ihrer Mutter, Tanten, Omas, Tieren, Freundinnen, Freunden und populären Symbolen. Wat erkannte Donald Duck, Botticellis Venus, Robert Burns, Alice im Wunderland, Krischna unter den Cowgirls, King Kong, Rodins *Kuß*, Dracula, Marilyn Monroe und moderne Fotos berühmter Soldaten aus ihren blutigsten Schlachten. Über ihrem Bett war eine lebensgroße Ausschneidefigur von ihm selbst am Klippenrand, wie er nach der Frage, ob Ettrick kapitulieren werde, »Nein!« rief. Sein Herz machte einen Sprung – war der schottische Wat nun etwa eine Legende wie das afrikanische Inongo, das amerikanische Winesburg oder das chinesische Pingwu? Dann wurde ihm übel. Nach jenem Ruf hatte er einen Mann erstochen, der die

Schlacht für beendet gehalten hatte. Es war eine schmutzige Art und Weise, in die erotischen Phantasien eines sechzehnjährigen Mädchens einzudringen. Trotzdem ließ er sich von ihr ausziehen und schlüpfte in ihr Bett.

Vor der Abenddämmerung stellte er zu seinem Erstaunen fest, daß ihm Annie besser gefiel als ihre Mutter. Zwar war sie weniger erfahren in der Liebe und im Kaffeekochen, doch sie besaß Nans Sinnlichkeit, Humor und Intelligenz in einem schlankeren und verspielteren Körper. Sie gab ihm das Gefühl, mächtig und weise zu sein. Auch schlief sie gern unter einer Zimmerdecke, die klar wie Glas war. Er öffnete die Augen früh am nächsten Morgen und blickte zu einem Vollmond zwischen dahineilenden Wolkenbänken hinauf. Bevor er ganz wach war, spürte er, wie sich Annie warm an seine Seite schmiegte, den Arm über seine Brust gelegt. Wat glaubte, mit ihr auf dem Boden einer dachlosen Hütte in einer Wildnis weit im Norden zu liegen. Er schien sich an die Flucht vor einer schändlichen Katastrophe zu erinnern, aber wenigstens waren Annie und er in Sicherheit. Voller Freude darüber schlief er wieder ein.

Später weckte sie ihn dadurch, daß sie sang:

»*Ein Held, ein Held, ein Held in meinem Bett,*
der erste Mann, der mich fickt, ist ein Heeeeeld.«

Wat sagte: »Du hast mit anderen gefickt.«

»Nur mit Jungs. Jungs zählen nicht. Unterbrich mich nicht und hör zu!

Ein Held, ein Held, ein Held in meinem Bett,
der erste Mann, der mich fickt, ist ein Heeeeeld.
Ich stahl ihn meiner Mammi, er wollte lieber mich.
Oh, der erste Mann, der mich fickt, ist ein Heeeeeld.«

»Deine Mammi hat mich hierhergeschickt.«

»Ja, aber es macht Spaß, sich zu verstellen. Versuch's mal. Du hast in drei Kriegen gekämpft, stimmt's?«

»Ja.«

»Und in sieben Schlachten, stimmt's?«

»Ja. Dein verdammter Onkel Jardine hat dafür gesorgt, daß der letzte Krieg bis in die dritte Schlacht dauerte.«

»Sieben blutige Schlachten und kein einziges Mal verletzt!« rief Annie. »Ein Wunder!« Wat zeigte ihr seine Hände. Sie rief: »Sieben blutige Schlachten und kein einziges Mal vom *Schwerrrrrt* verwundet! UNVERSEHRTER HELD NACH GLORREICHEM, WUNDERBAREM, IN LETZTER SEKUNDE ERZIELTEM UNENTSCHIEDEN GEGEN EINE RIESIGE ÜBERMACHT VON EIFERSÜCHTIGEM WHINSTRAUCH ZERKRATZT! So hätte das Öffentliche Auge es verkünden sollen. Wenn ich der kleine Wattie Dryhope wäre«, sagte sie und küßte ihn süß, »würde ich so tun, als hätte mich jemand für etwas Glorreicheres gerettet.«

»Welcher Jemand? Jesus MacGott oder Unfall MacSchicksal?«

»MacGott natürlich. Gott befiehlt dir, das Universum für ihn zu erobern, aber du sagst: ›Nein, tut mir leid, Gott, nicht bevor ich hundert Knaben mit Annie Craig Douglas gezeugt habe.‹ Aber ich sage: ›Geh! Ich werd dich nimmermehr umarmen, ehe du Gottes Willen getan hast.‹ Also gehst du los und eroberst das Universum, bis du ein alter kahler kaputter ausgetrockneter verdorrter kleiner Mann bist; dann kehrst du zurück und findest mich so süß und saftig, jung und perjink wie eh und je. ›Zeit zum Schmusen!‹ schnaufst du. ›Runter mit den Klamotten.‹ ›Hinfort, Rotznase!‹ gebe ich huldvoll zurück. ›Oder Wat und Julius Cäsar oder wie du dich sonst nennst. Ich kann nicht die Deine sein, denn ich werde dauernd von einem gebumst, der größer ist als du.‹ ›Von wem?‹ krächzt du. ›Von Gott‹, sage ich. ›Er hat dich zum Erobern ausgeschickt, damit du mir nicht mehr an die Wäsche kannst - hahaha.‹ ... Macht dir irgendwas Sorgen, Wattie?«

»Ja, dein Witz darüber, daß ich für etwas Großes bestimmt bin. Früher glaubte ich das einmal, Annie, aber was für eine große Sache könnte es sein? Moderne Kriege sind keine großen Angelegenheiten. Heutzutage gibt's Größe nur bei denen, die neue Satelliten bauen, und bei Unsterblichen, die neue Lebensformen schaffen.«

Sie küßte sein Ohr und flüsterte: »Ich werde dir etwas Großes verraten, das du tun kannst. Dies ist für mich die beste Zeit des Monats, du bist tief in mir gewesen, ich bin sicher, daß ich mein erstes Bairn habe - kann es denn eine bessere neue Sache geben? Und wenn's ein Junge ist, versprich, daß er dir gefallen wird, Wattie. Und wenn er ein Ettrick-Krieger wird, versprich, daß du nett zu ihm bist. Ich habe schreckliche Geschichten darüber gehört, wie junge Burschen von den älteren im Kriegerhaus behandelt werden.«

»Glaub nicht alles, was du hörst«, sagte Wat und umarmte sie. »Die alten Soldaten behalten die Dinge im Auge. Ich werde ihn beschützen, wenn ich dann noch da bin.«

Sie schwiegen eine Weile. Es war der dritte Tag ihres Honigmondes. Wat fürchtete, daß Annie bald gelangweilt sein und sich wünschen würde, mit ihrer Mutter und ihren Schwestern und Cousinen über ihn zu klatschen. Wat war nicht gelangweilt. Sein seltsamer Traum hatte ihn auf eine Idee gebracht, aber er war bis jetzt zu schüchtern gewesen, sie zu erwähnen. Plötzlich fragte er: »Möchtest du, daß dein Sohn Soldat wird, Annie, und wahrscheinlich stirbt, bevor er dreißig ist? Oder möchtest du, daß er zu den Sternen reist und so lange lebt, bis er deine Existenz vergessen hat? Oder möchtest du lieber, daß er sich dem Öffentlichen Auge anschließt und oberflächliche

Kommentare über andere Männer abgibt? Oder daß er die sauberen Häuser von Ettrick verläßt und ein schmutziges Leben bei den Gangrels führt?«

»Es ist nicht die Sache einer Mutter, sich Dinge für ihre Weans zu wünschen - die Weans müssen sich selber entscheiden«, sagte Annie verdutzt. »Mütter, die das Leben ihrer Weans zu lenken versuchen, tun ihnen nur weh. Tante Mirren wollte ihre Söhne davon abhalten, Soldaten zu werden, nachdem Hochländer ihre ersten drei bei Stirling Moss getötet hatten. Sie wollte sie zu Sternenmännern machen und stopfte sie voll mit Physik und Biologie. Deshalb rannten sie, sobald sie konnten, zum Kriegerhaus und kamen vor fünf Tagen in Stücke zerhackt zurück. Kein Wunder, daß sie verbittert ist. Worauf willst du hinaus, Wat Dryhope?«

»Ich will auf eine neue Lebensweise hinaus, die seit Jahrhunderten keiner ausprobiert hat, Annie. Ich möchte, daß wir so tun, als wäre außer dir und mir niemand mehr am Leben ...« - Annie setzte sich mit interessierter Miene auf - »... Ich möchte, daß wir zwei Pferde mit einem Zelt, Lebensmitteln, Saatgut, einer Armbrust, einer Axt und Handwerkszeug beladen. Ich möchte, daß wir weit, weit nach Norden reiten, wo es wenig Häuser gibt und wo das Gemeindeland so gebirgig ist, daß sogar Gangrels selten vorbeikommen. Wir werden ein baufälliges altes Steinhaus finden, vielleicht eine Jagdhütte, die gebaut wurde, als es kein Gemeindeland gab und der gesamte Boden ein paar Plutokraten gehörte. Wir werden genug Zimmer instand setzen, so daß sie uns als Häuschen dienen kann. Ich werde Nahrung durch Jagd und Gartenbau beschaffen, du kochst sie und nähst und flickst unsere Kleidung.«

»Campen gehen und Mann und Frau spielen?« rief Annie lächelnd. »Das Spiel habe ich mit meinem ersten Jungen gespielt, als ich zwölf war, aber nur für eine Nacht.

Al fresco zu scheißen skannerte ihn trotz der Bumserei - sich den Hintern mit Unkraut abzuwischen, nannte er al fresco scheißen. Mit dir würde Camping mehr Spaß machen.«

»Es wäre nicht nur ein Spaß, wenn du es mit mir spielst, Annie, sondern eine neue Lebensweise. Ich würde eine hygienische Latrine und ein Heißwassersystem basteln. Wir würden nie mehr zurückkommen.«

»Aber nach ein paar Wochen würden wir uns doch bestimmt einsam fühlen!«

»Ja, sehr. Wir würden es zuerst verabscheuen. Dann würde die Mühe, zusammen einen altmodischen Haushalt aufzubauen, uns lehren, uns aufeinander zu verlassen und einander mehr zu lieben, als es Männer und Frauen heutzutage tun. Dann würden die Weans kommen.«

»Wer würde sie entbinden?«

»Ich. Blut und Schreie sind mir nicht fremd, Annie; ich werde darauf achten, daß nichts schiefgeht.«

»Das ist eine sehr freudige Nachricht, Wattie, aber sie werden traurige kleine Weans sein, wenn sie nur mich lieben können - keine Tantchen und Omas, keine Cousins und Cousinen als Spielgefährten, keine Nachbarn!«

»Sie werden nicht nur dich, sondern auch mich haben.«

»Weans lieben Dads nicht.«

»Sie werden mich lieben müssen, weil sie keinen anderen hätten - außer dir. Ich würde immer im selben Haus schlafen, die Nahrung besorgen, die du für uns zubereitest, ihnen beibringen, wie man jagt und pflanzt und Feuerholz hackt und die Latrine säubert.«

»Aber *ohne Nachbarn*, Wattie! Die Ehepaare historischer Zeiten sehnten sich so sehr nach Nachbarn, daß sie sich in riesengroßen häßlichen Städten zusammendrängten.«

»Genau!« sagte Watt, der sich nun zu erregen begann. »Und die Städte brachten Armut, Seuchen und machtgierige Regierungen hervor! Deshalb zogen einige mutige Männer und Frauen - sie hießen Pioniere - paarweise aus den Städten in die Wildnis und fingen dort ein neues, sauberes Leben an, genau wie wir es tun könnten.«

»Wo und wann geschah das?«

»In Amerika vor drei oder vier Jahrhunderten.«

»Ich bin sicher, daß es heute in Amerika solche Paare nicht mehr gibt. Wie lange hielten sie es aus?«

»Das ... das weiß ich nicht genau.«

»Schön, Wattie«, sagte Annie freundlich, »es tut mir leid, daß wir keine Seuchen, keine Armut oder Regierungen mehr haben, vor denen wir fliehen können, aber ich werde so lange deine Pionierfrau sein, wie du's ertragen kannst.«

Sie preßte die Lippen zusammen, damit das Lächeln an den Mundwinkeln nicht zu einem Grinsen wurde. Wat sah es; sie sah, daß er es sah, grinste unverhohlen und fragte: »Aber werde ich kleines Wesen dich befriedigen können, wo du doch die große Rose von Cappercleuch, die Bowerhope-Zwillinge und Lizzie von Altrieve und meine Mammi gehabt hast? Wirst du meine Mammi nie wiedersehen wollen? Und hast du vergessen, daß du in der Wildnis alt werden und sterben wirst, Wattie? Ich dachte, Männer zögen in die Schlacht und würden zu Helden, weil sie Angst vor dem Alter hätten.«

Er begriff plötzlich, daß er ein Narr gewesen war, und die Erkenntnis veränderte ihn. Sein Gesicht und sein Hals röteten sich. Mit einem unverwandten Lächeln und einer singenden, nicht mehr wie sonst rauhen Stimme fragte er, ob ihr klar sei, weshalb er Frauen hasse. Annie starrte ihn entgeistert an und zitterte. Er sagte: »Ich hasse Frauen wegen ihrer abscheulichen, selbstgefälligen Sicherheit und weil sie immer älter sind als ich, immer älter und klüger! Sogar ein Kind wie du, Annie Craig Douglas, hat mir meine Selbstachtung genommen, weil du mehr über mich weißt als ich selbst. Wenn ich tot bin, wirst du Liebhaber und Babys und Liebhaber und Babys haben, bis du eine Ururoma bist, die kleinen Mädchen Geschichten erzählt. Und ich werde eine deiner Geschichten sein, der erste Krieger, der dich fickte - ein Blödmann, der mit dir weglaufen und für immer mit dir allein zusammenleben wollte!«

Bei diesen Worten strömten ihr Tränen aus den Augen. Sie versuchte, ihn zu umarmen, doch er stieß sie zurück und sagte: »Spar dir dein Mitleid! Ich wünsche mir die schlimmen alten Tage, als Kriege keine Regeln hatten und Bomben auf Häuser fielen und Frauen und Männer zusammen starben wie WIRKLICH gleichberechtigte Partner! Gleichberechtigt in der Qual und Verstümmelung!«

»Du bist krank, Wattie. Du bist krank im Kopf«, weinte Annie. »Du bist schlimmer als der wahnsinnige Jardine, dein Daddy.«

Sein Zorn erlosch sofort.

»Stimmt!« Er faßte sich reumütig an die Stirn. »Und es ist der einzige Kopf, den ich habe. Es tut mir leid, daß ich mich nicht beherrschen konnte.«

»So wahnsinnig wie sein Vater«, murmelte sie und drückte die Hand an ihren Schoß. »Oh, ich werd' mich hiernach erkundigen müssen.«

Sie sprang aus dem Bett und streifte sich ihr Kleid über.

»Komm zurück, Annie! Laß uns noch ein bißchen knuddeln. Alles ist wieder in Ordnung. Ich habe doch gesagt, daß es mir leid tut.«

»Ich möchte kein wahnsinniges Baby haben, Wat.«

»Wahnsinnige Babys gibt's überhaupt nicht.«

Sie schlüpfte in ihre Schuhe, ohne ihn anzuschauen. Wat fragte: »Du hast also genug von mir?«

»Ich bin zu jung, um das sagen zu können, Wat. Bowerhope-Männer kommen jetzt nie mehr hierher, weil Craig-Douglas-Frauen zweimal von ihnen Weans mit vergiftetem Blut bekommen haben – und die Krankheit war heilbar. Ich weiß nicht, ob Wahnsinn heilbar ist, und meine Mammi ist eine Cousine zweiten Grades deines Vaters. Die Omas werden wissen, was zu tun ist. Aber o Wat«, jammerte sie, und wieder strömten ihr Tränen über die Wangen, »ich mochte dich vorher so gern! Ich *wollte* ein Bairn von dir!«

Er machte »Mhm«, stand auf und zog sich an. Sie verharrte an der Tür, trocknete sich die Tränen und beobachtete ihn.

»Ich werde im Kriegerhaus sein, wenn deine Omas meine Vernunft testen wollen«, sagte er jäh. »Das sollten sie vielleicht tun, bevor sie entscheiden, daß du unser Kind nicht austragen kannst. Aber ich werde nicht nach Craig Douglas zurückkommen, es sei denn, man lädt mich ein – sag das allen. Auch Nan. Sag ihr für mich Lebewohl. Ich mochte das Kriegerhaus nie so recht, aber nun scheint es der einzige Ort zu sein, an dem ich willkommen bin – aber vielleicht auch nicht mehr lange.«

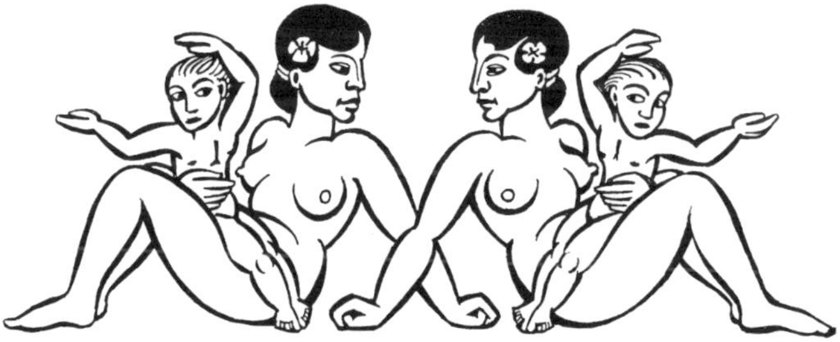

3
KRIEGERWERK

Wie alle, die gern Besucher empfingen, hatte Annie ein Zimmer mit einer Tür hinaus auf die Veranda des Hauses, und so konnte Wat Craig Douglas an jenem Morgen fast unbemerkt verlassen. In der Nähe des Stalles hörte er klangvolles Gerassel und schrille Rufe wie »Fall um, du bist tot!« - »Nein, ich hab' dich zuerst getroffen!«

In einer Sandgrube am Pfad sah er ein wildes Durcheinander aus farbenprächtig angetanen Geschöpfen, die mit winzigen Schwertern aufeinander einhieben: Kleinkinder mit Helmen und Rüstungen, die unter Schlägen von unterschiedlicher Stärke schepperten, surrten und dröhnten. Sie standen still, als er an sie herantrat, dann rannte das winzigste Geschöpf auf ihn zu und sprudelte atemlos hervor: »Wenn ich erwachsen bin, werd' ich 'ne Amazone und bring Männer um genau wie du, Cousin Wattie!«

Es war ein ganz kleines Mädchen. Wat blieb stehen und sagte höflich: »Name und Alter?«

»Betty. Vier.«

»Soldaten kämpfen nicht, um einander zu töten, Betty.

Wir kämpfen, um den Respekt zu erringen, den unser Mut verdient hat.«

»Klar, aber Männer zu töten macht trotzdem Spaß, nicht, Cousin Wattie?«

Er schüttelte hoffnungslos den Kopf und betrat den Stall.

Drei zwölfjährige Jungen knieten auf dem Boden und spielten Jorries. Sie sprangen auf, führten den Apfelschimmel aus der Box, sattelten und zäumten ihn. »Willst du zum Kriegerhaus, Wat?« fragte einer. »Dürfen wir mitkommen?«

»Ich möchte einen ruhigen Ritt machen, allein und für mich, Männer«, erklärte Wat ernst. »Es tut mir leid, daß eure Brüder gefallen sind.«

»Aber sie haben uns zu einem Unentschieden mit Northumbrien verholfen«, sagte einer der Jungen sanft, als wollte er Wat trösten.

»Macht euch nichts vor, Männer. Genf wird unser Unentschieden wegen Foulspiels rückgängig machen. Das weiß ich, denn ich war der Hauptfoulspieler. Öffnet die Tür.«

Auf dem Gemeindeplatz merkte er, daß seine Hände recht gut verheilt waren und er Sophia würdevoll besteigen konnte. Er winkte zum Abschied und ritt hinunter nach Yarrow. Wahrscheinlich beobachteten ihn nun viele Augen aus dem großen Haus mit dem Wald dahinter, deshalb schaute er nicht zurück. Da er allein sein wollte, hielt er stromabwärts auf Mountbenger zu, an einem moosbedeckten Pfad zwischen verworrenen Hecken entlang, der der Trasse einer alten Autobahn folgte.

Die Luft war an diesem Morgen schwül und schwer, aber leichte Windstöße frischten sie hin und wieder auf. Ein trüber Himmel schien Regen anzukündigen; er blieb jedoch aus. Das Gelb des Stechginsters am Hang war die einzige lebendige Farbe. Ein oder zwei Kilometer oberhalb von Mountbenger wurden seine Beine naß, als er den Fluß überquerte, dann ritt er das Tal hinter White Law hinauf. Wat vermied die Häuser Altrieve und Hartleap, indem er dem Hang folgte und am Altrieve-Bach zum Bergrücken zwischen Peat Law und Wiss emporklomm. Zwar brütete er noch über den Verlust an Liebe und Respekt, den er durch seinen Streit mit Annie erleiden könnte, doch für eine Weile stimmten ihn die Einsamkeit und die Weite des Raumes sanfter, die mit zunehmender Höhe immer deutlicher sichtbar wurden. Häuser, Ackerbau, alles Menschliche war in Mulden innerhalb einer Wildnis aus grauen Bergspitzen verborgen. Dampf aus Kraftpflanzen verschmolz mit Wolkenfetzen, die die höchsten Gipfel verdüsterten. Nichts, was er hier sah, hatte sich verändert, seit diese Hügel Schottland in der historischen Epoche von England getrennt hatten - in der Mordzeit, als gewaltige Regierungen die Welt in Nationen spalteten, die um ihren Besitz Krieg führten. Er dachte voller Stolz daran, daß die Grenzclans jahrhundertelang Distanz zu England und Schottland gewahrt und sich jeweils mit der Nation verbündet hatten, die zu schwach war, sie zu besteuern. Aber auch Raub und Mord hatten in diesen unwirtlichen Hügeln geblüht. Die alten Balladen waren voll davon. Der einzige Reichtum hier hatte aus kleinen schwarzen Rindern bestanden; wenn Krankheit oder Hungersnot die Herden einer Heimstätte ausdünnte, hatte die Frau ihrem Mann statt einer Mahlzeit einen Teller mit Sporen vorgesetzt - als Hinweis darauf, daß er nun die englischen Höfe überfallen oder verhungern mußte.

Ja, es war ein Luxus, eine schlechte Meinung der Ettrick-Tanten mehr zu fürchten als einen leeren Magen, sich über einen unfairen Hieb in einem Krieg zwischen willigen Kämpfern zu sorgen, sich zu quälen, weil er ein gesundes junges Mädchen in einem Moment des Zornes erschreckt hatte. Er lächelte und hörte den Wind, der über die Gräser strich, die nahen und fernen Rufe von Whaups und einmal so etwas wie Stimmen hinter einem Whingesträuch. Als er einen Hügelvorsprung überwand, der Ausblick in die Gärten von Hartleap bot, bemerkte er dort unten die halbe Familie - so schien es jedenfalls -, die zu ihm heraufschaute. Später nahm er winzige Gestalten wahr, die sich hinter den Steinhaufen auf dem Gipfel von Bowerhope Law zurückzogen.

Die Anzeichen dafür, daß er beobachtet und verfolgt wurde, verstärkten sich, bis er aus den Wäldern über dem Thirlstane-Bach auftauchte, wo die Beobachter und Verfolger nicht mehr den Versuch machten, sich zu verbergen. Wat ritt die Schlucht hinunter, wobei Kinder jeden Alters zwischen acht und fünfzehn Jahren an den Hängen zu beiden Seiten entlangkletterten, neben ihm her sprangen und ihm auswichen. Die kleinsten, jeweils zu zweit oder dritt, ritten auf Ponys. Überraschend viele waren Mädchen, und die ganze Menge war zu groß, um aus der Umgebung zu stammen - etliche mußten aus Eskdale oder von weiter her gekommen sein. Anscheinend hatte ihn etwas, von dem er nichts wußte, interessant und zugleich unberührbar gemacht. Nur eine mächtige, gemeinsame, faszinierte Schüchternheit konnte die Bewegungen dieser Schar erklären, die die Hügel neben ihm bedeckte, doch außer Sprechweite blieb. Seine Ermordung des Northumbriers, der die Standarte gehalten hatte, war vermutlich als Kriegsverbrechen verurteilt worden, weshalb Ettrick nun ein in Schande geratener und besiegter Clan war. Haßten diese Kinder ihn, oder hatten sie Mitleid mit ihm? Wahrscheinlich wußten sie es selbst nicht; sie warteten, um herauszufinden, wie man ihn im Kriegerhaus empfangen würde. Wat fürchtete dort niemanden; er hatte vor nichts Angst außer vor der schlechten Meinung der Frauen. Entschlossen, das Schlimmste hinzunehmen, setzte er sich gerade auf und ritt mit einer kühlen Unverschämtheit weiter, die nichts mit seiner sonstigen brütenden, nachlässigen Haltung gemein hatte.

Ein Wasserstreifen, so bleich wie der Himmel, erschien hinter den Bäumen; es war der Ausläufer von Saint Mary's Loch, und die Fahne des Kriegerhauses flatterte daneben. Die lärmenden Kinder eilten bergab von ihm fort, und keine fünf Minuten später war er wieder allein. Wenn Sophia kein müdes altes Pony gewesen wäre, hätte er sie überholt; statt dessen blieb er stehen, von einem Pfad in Versuchung geführt, der seitwärts nach Bowerhope abzweigte, wo er mit einer freundlichen Aufnahme durch zwei Schwestern rechnen konnte. Dann wirbelte ein glänzender Globus hinter einem Blaubeergebüsch hervor, machte vor seinem Gesicht halt und fragte: »Was ist Ihre Reaktion auf die Nachricht aus Genf, Major Dryhope?«

Er schloß die Augen, klatschte mit den Absätzen an die Flanken des Ponys und wurde direkt hügelabwärts getragen. Er hörte eine andere Stimme, sanft und weiblich: »Sie können das Öffentliche Auge gern verachten, Major Dryhope, aber Sie müssen etwas über die Genfer Verurteilung Ihres Vaters und Ihres Clans zu sagen haben.«

Wat bemühte sich, wenigstens drei Minuten lang keine Miene zu verziehen und die Augen geschlossen zu halten. Als er sie öffnete, war der Globus verschwunden.

Das Kriegerhaus war über den kurzen Fluß gebaut, der sich vom Loch of the Lowes in Saint Mary's Loch ergoß.

Vier steile, vorn mit Glas besetzte Giebel, ein mittleres pyramidenförmiges Oberlicht, ein sechseckiger, mit Spiegeln facettierter Turm ließen es wie ein futuristisches Dorf in einem Hollywood-Film der 1930er oder wie eine sechzig Jahre später entworfene postmoderne Kunstgalerie wirken. Diese archaische Erscheinung wurde durch das Fehlen einer Kraftpflanze verstärkt. Wat entdeckte auf der Ebene vor dem östlichen Giebel eine dichte stehende Schar von Kindern, die zu jung waren, um Kadetten zu sein, von Heranwachsenden beider Geschlechter und von älteren Männern zu Pferde. Die letzteren kamen aus Familien, denen das Kriegergeschäft normalerweise gleichgültig war. Ein Graubart und drei jüngere Männer aus dem musikalischen Haus Henderland stachen dadurch hervor, daß sie Instrumente in der Hand hielten. Die kleinen und großen Reiter standen zur Rechten und Linken des Pfades, der zum Eingang führte. Während Sophia gemächlich darüber hinwegschritt, hatte Wat das traumartige Gefühl, dies alles schon einmal erlebt zu haben. Dann erinnerte er sich daran, wie er vom Stall aus zwischen den Kindern von Craig Douglas hindurchgegangen war. Er kam an einer Gruppe von Jungen vorbei, unter denen Annie stand, und bemerkte, daß viele der Kinder von Craig Douglas ebenfalls hier waren. Annie musterte ihn mit offenem Mund und mit halberhobener Hand, als wünsche und fürchte sie, ihn auf sich aufmerksam zu machen. Er nickte ihr geistesabwesend zu, denn er versuchte, die Stimmung dieser dichten Menge zu erspüren, die ihn ohne ein sichtbares Zeichen von Zorn oder Freude betrachtete. Dann rief eine schrille Stimme von hinten (sie klang wie die Annies): »Hurra auf Wattie Dryhope!«, und die ganze Menge begann, die gleichen Worte zu brüllen, zu heulen, zu schreien. Durch das Gebrüll hindurch hörte er mächtige Baßpfeifen, gefolgt von munterem Quietschen. Die Henderlands spielten auf ihren Dudelsäcken. Ihre Melodie schwoll an und überwältigte den Tumult der Jubelrufe. Es war die Melodie eines Liedes, das alle seit ihrer Kindheit kannten. Nach weniger als einer Minute sang die Menge:

»Marsch, marsch, Ettrick und Teviotdale,
Warum marschiert ihr nicht vorwärts zur Gänze?
Marsch, marsch, Eskdale und Liddesdale,
All die Blue Bonnets sind über der Grenze!«

Also hatten sie ihn gern. Tränen der Erleichterung strömten sein Gesicht hinab, doch er verzog immer noch keine Miene. Außerdem bemerkte er ohne Freude Öffentliche Augen, die sich über den Köpfen der Menge drehten. Er gewann den größten Teil jener Selbstsicherheit zurück, die er seit seinem Sturz von der Klippe verloren hatte, dann fiel ihm etwas Unangenehmes an diesem einmütigen Dröhnen eines Liedes auf, das er einst für einen nostalgischen alten Marschgesang gehalten hatte:

»Kommt von den Hügeln, wo eure Schafe ziehen,
Kommt aus dem Tal der Böcke und Ricken,
Kommt zur Klippe, wo die Feuer glühen,
Kommt mit dem Schild, dem Speer, den Stöcken!«

Wat machte ein finsteres Gesicht, und Sophia, welcher der Lärm ebenfalls mißfiel, setzte zu einem unbeholfenen Galopp an, der ihn zur Veranda brachte. Hier umschwärmten ihn Hauptleute der Boys' Brigade, darunter Wats zwölfjähriger Bruder Sandy. Sie grinsten wie besessen und plapperten wirr vor sich hin. Nur das Wort *Standarte* war zu verstehen. Wat brüllte: »Gebt Sophia Futter, ihr Gauks, und Sandy soll mir 'nen Whisky bringen.«

Damit sprang er hinab und rannte ins Haus.

In der Tür hielt ihn eine Gruppe von Veteranen an: Männer über Vierzig, deren dichte Bärte und Schnurrbärte ihre

Narben nicht verbergen konnten. Einer nach dem anderen schüttelte ihm die Hand, blickte ihm unverwandt in die Augen und bedachte ihn mit einem energischen kleinen Nicken, was Wat possenhafter vorkam als draußen das kollektive Johlen. Hinter den Veteranen schienen sich alle Craig-Kadetten zwischen elf und vierzehn Jahren in der östlichen Wandelhalle zu drängen; sie grinsten oder sperrten den Mund auf und versuchten, so grimmig dreinzuschauen, wie er selbst sich fühlte. An der Treppe zur Offiziersmesse standen die Hausdiener wie das Personal im Gutshaus eines viktorianischen Herzogs, das sich versammelt hat, um den jungen Erben willkommen zu heißen. Sie gruppierten sich hinter dem Majordomus, einem würdevollen Riesen mit einer Barttracht, die buschiger war als die des wildesten Veteranen. Er sagte: »Master Wattie, ich hoffe, daß ich Sie endlich zu einem Gläschen bewegen kann?«

»Vielen Dank, Jenny. Ich habe Sandy schon um eins gebeten.«

»Master Sandy wird es aus meinen Händen empfangen.«

Der Majordomus führte Wat feierlich die Treppe hinauf; Sandy schritt neben ihm her, und die Veteranen schlossen sich an. Die soldatische Disziplin sorgte für eine angemessene Stille unter ihnen, doch sie konnte das betäubende Gebrüll draußen nicht mindern, das nur noch für jene verständlich war, die den Text kannten:

»England soll manchen Tag künden von dem blut'gen Schlag,
Als die Blue Bonnets kamen über die Grenze!«

Die Offiziersmesse lag unter dem Giebel über der östlichen Wandelhalle. Ihre Leere entsetzte Wat. Zwei Wochen zuvor hatten mehr als zweihundert fröhliche Männer, die meisten von ihnen um die Zwanzig, hier getrunken, gelacht und geplaudert. Das Dutzend Veteranen, das nun auf die Bar zusteuerte, machte den Unterschied deutlich, ebenso wie die drei Krüppel in orthopädischen Stühlen, die eine Partie Whist spielten: Oberst Tam Wardlaw, Rab Gilkeeket und Davie Deuchar. Wat hatte sie nicht gesehen, seit Ettrick mit der Standarte den Hügel hinuntergestürmt war. Er ging zu ihnen hinüber und betrachtete das Spiel, doch sie nahmen keine Notiz von ihm. Der Oberst sagte nur zu den anderen: »Da haben wir den Salat. Ich passe.«

»Solo«, sagte Rab.

»Misère«, sagte Davie.

Wat versuchte, seine Verlegenheit zu überbrücken, indem er scherzte: »Northumbrien hat euch drei ganz schön zugerichtet.«

»Wir könnten genauso gesund wie du sein, wenn wir von einer Klippe gerollt wären«, sagte Rab.

»Stimmt«, sagte Wat abrupt. »Öffentliche Augäpfel schnüffeln draußen rum. Könntest du mit etwas weniger Tageslicht auskommen, Oberst?«

Oberst Wardlaw zuckte mit einer Schulter.

»Mach das Fenster undurchsichtig, Jenny!« rief Wat dem Majordomus hinter der Bar zu. Zwischen der Doppelverglasung strömte ein papierdünner Wasserfall herunter und gefror zu sternförmigen weißen Mustern, die die Menge und die Hügel zu gezackten Schatten werden ließen. Wat zog einen Stuhl an den Tisch heran, setzte sich hin und schaute den Spielern zu, bis der Oberst fragte: »Möchtest du mitspielen?«

»Ich möchte Nachrichten aus Genf.«

Tam Wardlaw reichte ihm einen bedruckten Bogen.

Wat las ihn noch nicht, sondern wartete, bis sein jüngerer Bruder ihm einen Whisky in die andere Hand drückte.

»Wat Dryhope läßt sich einen Macallan schmecken«, trällerte Davie leise.

»Unmöglich!« sagte Rab. »Dryhope rührt nie Alkohol an. Der bringt seine chemische Zusammensetzung durcheinander.«

»Aber jetzt trinkt er ihn«, sagte der Oberst. »Seine chemische Zusammensetzung muß gestört sein.«

»Nun gebt schon Ruhe«, murmelte Wat und las den Ausdruck.

»Der Globale und Interplanetarische Rat für Kriegsreglementierung in Genf hat General Dodds' Beschwerde gegen das kürzliche Unentschieden zwischen Ettrick und Northumbria United untersucht. General Dodds beschuldigt Ettrick, das Ergebnis durch unzulässiges Vortäuschen einer Kapitulation erzielt zu haben, was zur Ermordung von mindestens drei Northumbriern geführt habe, die sich überrumpeln ließen, weil sie die Schlacht fälschlich für beendet hielten. Zur Untermauerung seiner Beschwerde verweist er den Rat auf das Schlachtenarchiv des Öffentlichen Auges.

Der Rat hat das Schlachtenarchiv gründlich geprüft und meint, daß es gute Gründe für die Verurteilung von Ettrick gibt, jedoch nicht wegen der Aktion, die General Dodds beanstandet. Daß ein gewisses Maß an Täuschung ein unvermeidlicher und akzeptierter Teil des bewaffneten Kampfes ist, wird durch den als Finte bekannten Schwertstoß bewiesen; auch ist es nicht ungewöhnlich, daß bedrängte Soldaten dem Feind ihre Standarte überlassen, um einen stärkeren Gegenangriff einleiten zu können. Die Northumbrier, die im Besitz der Ettrick-Standarte waren, glaubten, die kurze Pause zeige eine Kapitulation an, weil sie wußten, daß Ettrick hoffnungslos unterlegen war und nicht siegen konnte. Aber in der Genfer Konvention heißt es ausdrücklich: DER SACHVERHALT DER KAPITULATION LIEGT ERST DANN VOR, WENN EIN SOLDAT SEINE WAFFE FALLEN LÄSST ODER DEM GEGNER GRIFF, KOLBEN ODER KNAUF DARBIETET. Das war nicht der Fall. In dem Gemetzel, das der Wiederaufnahme des Kampfes nach einer zwölfsekündigen Pause folgte, starb fast jeder Ettrick-Krieger mit dem Schwert in der Hand. Wenn einer sein Schwert fallen ließ oder es fortschleuderte, dann müssen General Dodds' Krieger dies übersehen haben.

Aber der Globale und Interplanetarische Rat für Kriegsreglementierung in Genf ist gezwungen, General Jardine Craig Douglas wegen eines Kriegsverbrechens zu verurteilen, das des zwanzigsten Jahrhunderts würdig wäre. Es war falsch, seinen Clan in einen dritten Tag der Schlacht zu führen, die mit dem Tod fast all seiner Männer - viele davon erst kurz vorher aus der Boys' Brigade beförderte Kadetten - enden mußte. Sein eigener Tod, wie gern General Douglas ihn auch auf sich nahm, ist keine Entschädigung für ihren Tod, wie gern sie ihn auch auf sich nahmen. Der Zweck der Kriegführung besteht nicht darin, mehr Punkte als ein Gegner zu sammeln, sondern menschliche Verachtung für Schmerz und Vernichtung zu zeigen. Die meisten Armeen sind dazu in der Lage, ohne den Drang zur Selbstaufopferung von Rekruten auszunutzen, die ihre Vorgesetzten bewundern. Wenn eine solche Ausnutzung vorgeschlagen wird, machen sich Offiziere, die ihrem General den Gehorsam verweigern, keines Verrats schuldig. Der Globale und Interplanetarische Rat für Kriegsreglementierung in Genf bedauert, daß Major Wat Dryhope der einzige Ettrick-Krieger war, der diese Tatsache zu erkennen schien …«

Wat gluckste und sagte laut: »Ich habe gerade die Stelle gelesen, die erklärt, weshalb ihr Knaben mich nicht mehr leiden könnt.«

»Ja«, sagte der Oberst, »dich ereilt das Schicksal eines jeden, der zu gut für seine Verwandtschaft ist.«

»Wat Dryhope, der Liebling der Menschheit«, trällerte Davie.

»Wattie! Die Standarte!« flüsterte Sandy drängend. »Frag, wann wir sie…«

»Schscht«, machte Wat und las weiter.

Seit zwanzig Jahren fällt dem Rat die Tendenz auf, daß kleine, ehrgeizige Clans immer jüngere Kadetten in die Schlacht werfen. Echte Liebhaber des Kampfes müssen den Schaden beklagen, den dies der edlen Kriegskunst zufügt. Durch seinen Holocaust junger Leben hat General Jardine Craig Douglas die glänzende Serie von Ettrick-Siegen unterbrochen, mit der das Jahrhundert begann. Es dürfte wenigstens ein Jahrzehnt dauern, bis Ettrick in der Lage ist, genug erwachsene Soldaten hervorzubringen und auszubilden, die wieder auf professionellem Niveau kämpfen können.

Deshalb schlägt der Globale und Interplanetarische Rat für Kriegsreglementierung in Genf drei Zusätze zur Genfer Konvention vor.

1. Kein Krieg darf auf einen dritten Tag der Schlacht ausgeweitet werden.

2. Kein Kadett von weniger als sechzehn Jahren soll in die Schlachtordnung aufgenommen werden.

3. Wenn eine Standarte ein Schlachtfeld durch Einwirkung eines Naturmerkmals oder -phänomens (Klippe, Felsen, Hügel, Höhle, Schlucht, Strudelloch, Vulkanöffnung oder andere geologische Formation; Morast, Sumpf, Treibsand, Strom, Teich, Fluß, See, Lagune, Meer, Ozean oder anderes Gewässer; Brise, Wind, Sturm, Gewitter, Sandsturm, Hurrikan, Zyklon, Tornado, Blitz, Feuerball, Aerolith oder anderes geologisches Ereignis) verläßt, wird die Schlacht in jenem Moment als beendet erachtet, in dem die Standarte vom Schlachtfeld verschwindet, und der Sieg wird der Partei zugesprochen, die am wenigsten Männer verloren hat.

Der Globale und Interplanetarische Rat für Kriegsreglementierung in Genf erklärt hiermit ein Moratorium für alle bewaffneten Konflikte, bis ein globales und interplanetarisches Referendum durch einfache Mehrheit entscheidet, ob jede dieser Regeln als Teil der Genfer Konvention akzeptiert oder abgelehnt wird. Jeder, der älter als fünfzehn Jahre ist, verfügt über das Stimmrecht.

Einstweilen erklärt der Globale und Interplanetarische Rat für Kriegsreglementierung in Genf, daß diese humanitären Vorschläge die Ehrlichkeit und den Mut der Ettrick-Soldaten, die General Jardine Craig Douglas' Plan ausführten, in keiner Weise beeinträchtigen, während der fahrlässige Gehorsam ihm gegenüber uneingeschränkt verurteilt wird. Der Globale und Interplanetarische Rat für Kriegsreglementierung in Genf pflichtet dem Öffentlichen Auge und der Mehrheit der öffentlichen Meinung insofern bei, als er die Schlacht zwischen Northumbrien und Ettrick für unentschieden erklärt. Aber er erklärt sie auch zu einer Schlacht, die unter entwürdigenden Umständen für die verantwortlichen höchsten Offiziere ausgefochten wurde - zu einer Schlacht, wie sie nicht wiederholt werden darf.

Wat knüllte den Ausdruck zusammen, rief »Ein Hoch auf Genf!« und schnippste die Kugel auf Oberst Wardlaw, so daß sie von seinem Ohr abprallte.

Der Oberst zuckte zusammen und murmelte: »Übel für deinen Dad.«

»Die haben recht, was Dad angeht! Aber wir können ihm seinen verdammten Wahnsinn verzeihen, wenn dadurch drei gute Regeln wie diese zu Gesetzen werden.«

»Du hast deinen Whisky nicht getrunken«, sagte Rab.

»Jetzt brauche ich ihn nicht mehr«, erwiderte Wat, erhob sich und trat auf sie zu. Sie tranken ebenfalls Macallan. Er kippte genau ein Drittel seines Glases in jedes der ihren und bedeutete dem Barkeeper dann, ihm einen starken Kaffee zu brühen. Er wurde gebracht.

»Ich hasse Dryhope, er ist ein arroganter Bastard«, trällerte Davie leise.

»Er kann sich's nicht verkneifen«, sagte Rab. »Er erzielt ein weltberühmtes Unentschieden durch Betrug, scheitert bei seinem Selbstmordversuch und wird von Genf gelobt, weil er sich seinem Daddy widersetzt haben soll. Dabei tat er genau das, was der Alte ihm befahl. Haßt du ihn auch, Oberst?«

»Ja, aber ich hasse seinen kleinen Bruder noch mehr. Kadett Dryhope!« brüllte der Oberst. »Steh da nicht rum wie 'ne Nachbildung von Michel-scheiß-angelos David! In den Tagen vor der Gründung unseres demokratischen Utopia kriegten hübsche kleine Soldaten, die gerade und frech vor verkrüppelten Offizieren standen, hundert Peitschenschläge. Krümm dich wie dein Bruder.«

»Aber die *Standarte*!« flüsterte der Junge. Er versuchte, sich zu krümmen und gleichzeitig eine verzweifelte Bitte auszusprechen.

»Hau ab, Sandy«, sagte Wat.

Sandy ging hinaus. Während er die Tür öffnete und schloß, hörten sie unten Getöse ausbrechen, hervorgerufen von Dudelsäcken, die einen Coronach spielten.

»Oberst Wardlaw!« sagte Wat brüsk. »Laß mich jetzt wissen, weshalb erwachsene Männer wie die Henderlands und Foulshiels - Männer ohne Interesse am Kriegsgeschäft - unten mit einer Menge aus Weans und Mädchen warten.«

»Weiß nicht«, knurrte Wardlaw.

»Soll ich runtergehen und mich erkundigen?« fragte Wat.

»Das Spiel ist 'n Bogie, Männer«, sagte der Oberst zu den anderen Offizieren. Er schleuderte seine Karten auf den Tisch und drehte seinen Stuhl zu Wat um. Davie teilte die Karten von neuem aus und spielte mit Rab weiter.

Mit leiser Stimme, die nur Wat hören konnte, sagte Oberst Wardlaw: »Guck mir ins Gesicht, Dryhope.«

Wat gehorchte ihm mit unverhohlener Freude, da seine Aufmerksamkeit von dem chirurgischen Korsett abgelenkt wurde, das den Körper des Obersten zusammenhielt. Dann merkte er, daß nur das blaßblaue linke Auge Intelligenz verriet. Das blutunterlaufene rechte starrte seitwärts aus einer Pupille, die so groß war, daß sie die Iris verhüllte.

»Tut mir leid, Tam«, sagte Wat sanft. »Ich dachte, nur deine unteren Teile seien verletzt.«

»Nein. Der Kopf ist am schlimmsten beschädigt - und nicht dort, wo du's sehen kannst. Im Innern ist ein schmerzhaftes Summen, das wohl nicht von einem Insekt stammen dürfte. Ich wünschte, du wärest einen Monat lang durch die Hügel gezogen, Wattie, denn ich brauche Frieden. Ich sagte: *›Da haben wir den Salat!‹* als du reinkamst, weil du ein Quorum herstellst - die drei Offiziere und der eine Oberst, die dringende Regimentsangelegenheiten erledigen können. Wattie, weder Rab noch Davie noch ich könnten ein Papierflugzeug in die Luft werfen. Wir sind so komisch und schauerlich wie eine Woche mit neun Montagen. Für mich ist's mit dem Soldatenleben vorbei, Wattie. Für uns alle ist's mit dem Soldatenleben vorbei. Das liegt hauptsächlich an den Schlägen von Northumbrien, aber die Botschaft aus Genf hat uns den Rest gegeben. Ein Schwall von anderen mit dem Vermerk *Dringend* ist ihr gefolgt. Sie sind in diesem Beutel.« Tam klatschte auf eine Tasche unter der Armlehne seines Stuhles. »Ich wage nicht, sie zu lesen.«

»Gib sie mir«, sagte Wat und streckte eine Hand aus. »Jenny hätte sie beantworten können, aber ich mache das schneller. Ich wette, wir können die Hälfte ignorieren und die übrigen mit *Danke für ihren freundlichen Brief* beantworten. Und denk nicht an Genf, Tam. Der Rat hat die Wahrheit gesagt, aber kein ehrlicher Soldat und keine gütige Frau wird uns verachten, weil wir unserem gewählten Befehlshaber gehorcht haben.«

Wat legte den Stapel Blätter auf einen Tisch in der Nähe und sortierte ihn rasch zu zwei Haufen: einem mit blauen Seiten von Gesellschaften des Öffentlichen Auges und einem mit rosa Seiten, die auf Kriegsgeschäfte hindeuteten. Tam beobachtete ihn mit einer Miene, in der sich Erschöpfung, Gleichgültigkeit und Besorgnis seltsam mischten. Zwei Minuten später hob Wat den blauen Haufen auf.

»Diese sind von jeder großen Augen-Gesellschaft, die es gibt, von der nächsten in den Lothians und der fernsten im Satellitengürtel. Wir wissen, daß sie sich die öffentliche Erregung über eine Schlacht zunutze machen wollen, die für uns vorbei und vergessen ist, deshalb beantworten wir sie so.« Mit einem kräftigen Ruck zerriß Wat den Haufen in zwei Teile, legte die Stücke auf einen Stuhl und sichtete den anderen. Diesmal warf er einen Blick auf ein oder zwei Zeilen, bevor er jedes Blatt beiseite legte. Einmal hielt er inne und fragte: »Oberst Tam, warum haben unsere Jungs von Standarten gequasselt?«

»Sie wollen die Erlaubnis haben, unsere alte Stange aus der Nordsee zu fischen. Sie haben Angst, daß ein paar von Dodds' Lümmeln sie zuerst rausholen und mit den Wurzeln einer northumbrischen Kraftpflanze verschmelzen könnten.«

Tam nippte an seinem Whisky. Wat beendete seine Lektüre, wandte sich dann um und sagte: »Cellinis Kosmopolitischer Wolkenzirkus erinnert dich daran, daß er morgen abend dem berühmtesten Unentschieden der Menschheit Reverenz erweisen wird, und zwar mit einem völlig neuen Schauspiel. Es trägt den Titel ›Vom Großen Knall bis zur Schlacht um die Ettrick-Standarte: eine schöpferische Revolutionsoper auf den Hügeln um Selkirk‹. Das übrige sind Glückwünsche von Clanhäuptlingen aus allen Gebieten, sogar von einigen Weltmeistern. Viele machen Genf Vorwürfe, und manche klagen es an, *eine kindermädchenhafte Haltung zur edlen Kriegskunst* zu vertreten. Hier ist eine Botschaft, die dich aufmuntern dürfte: Shafto von Northumbrien schickt uns gute Wünsche und teilt mit, daß er Dodds' Protest gegen das Unentschieden nicht unterschrieben hat. Diese hier ist die einzige, die einer sorgfältigen Antwort bedarf. Border United – die Häuptlinge von Eskdale, Teviotdale, Liddesdale und Merse – bedauert unseren Verlust an Männern, die gesund genug sind, die nächste Generation von Ettrick-Kämpfern auszubilden. Sie wollen uns turnusmäßig ihre eigenen Offiziere ausleihen, die natürlich keine Schlachten bestreiten, sondern unseren Nachwuchs darauf vorbereiten sollen. Was meinst du dazu?«

»Beantworte das selbst. Beantworte es, wie du willst«, sagte Tam. »Für mich ist's wirklich mit allen Spielen vorbei, außer mit Kartenspielen.«

Seine gehetzte Miene änderte sich nicht, doch er verzog sie zu einer Art Lächeln. Mit einer hohlen, tönernen Stimme, die alle in der Messe sich umdrehen ließ, verkündete er: »Als Oberst der Ettrick-Armee mit einem Quorum meiner Offizierskameraden in Abwesenheit unseres teuren verstorbenen Generals Jardine Craig Douglas ernenne ich DICH, Major Dryhope, zu meinem Nachfolger mit sämtlichen Vollmachten, alles zu tun, was zum Teufel du willst, bis du - oder jemand anders - an Jardines Stelle zum General gewählt wirst. Erhebe dich, Oberst Dryhope, größter der Söhne von Ettrick! Außerdem erkläre ich, daß Rab Gillkeeket und Davie Deuchar und ich fortan ein Trio kaputter Veteranen sind und nur für Spiele taugen, die uns unsere Omas beigebracht haben. Teilt meine Karten aus, Jungs.«

Er drehte seinen Stuhl zurück zum Kartentisch, wo Davie Deuchar, nachdem er zweimal langsam in die Hände geklatscht hatte, die Karten mischte und austeilte.

Wat war aufgesprungen, als der Oberst es ihm befohlen hatte. Nun stand er da und fragte sich, weshalb die Ernennung ihn nicht überrascht hatte, obwohl er keineswegs darauf gefaßt gewesen war. Die offensichtliche Antwort lautete, daß nur er dafür in Frage kam. Er wünschte sich, daß Oberst Wardlaw ihm den Posten mit freundlicheren Worten übertragen hätte. Die Veteranen an der Bar salutierten ihm, hoben dann ihre Gläser und tranken sie aus. Er erwiderte den Gruß und überlegte, was er als nächstes tun sollte, als der Majordomus herankam, sich verbeugte und flüsterte, daß die Menge unten seit langem auf eine Mitteilung warte. Ob Oberst Dryhope wünsche, daß die gerade durch Oberst Wardlaw ausgedrückte Entscheidung des Quorums bekanntgemacht werden solle.

»Verbatim?« fragte Wat scharf.

»Nein, Sir. In einer angemessen für das Öffentliche Auge

bereinigten Form«, sagte Jenny vorwurfsvoll, als wäre seine Intelligenz in Zweifel gezogen worden.

»Nur zu, Jenny.«

Jenny ging durch eine Tür hinter der Bar hinaus. Wat blieb stehen und lauschte konzentriert. Er hörte das Dröhnen eines Lautsprechers und dann einen anschwellenden Jubel, der lauter wurde, bis er sogar in der Messe kaum zu ertragen war. Der Jubel endete nicht. Wat überlegte, weshalb das Geräusch etwas Besänftigendes an sich hatte.

»Bring sie zum Schweigen, Dryhope!« brüllte Tam. »Red mit ihnen! Die glekkiten Samphs wollen, daß ihr neues Schätzchen hörbar schmachtet.«

Jenny kam von neuem heran, verbeugte sich, neigte seinen Schnurrbart so dicht an Wats rechtes Ohr, daß er es fast gekitzelt hätte, und sagte: »Wünscht Oberst Dryhope, die Ovation über Lautsprecher zu beantworten, oder zieht er es vor, im Standartensaal persönlich zur Boys' Brigade zu sprechen? In beiden Fällen wird man seine Worte der Menge draußen übermitteln.«

Wat spürte, wie sich der Schnurrbart zurückzog, und sah, wie Jennys großes, flaches Ohr seinem Mund präsentiert wurde. Er sagte gedankenvoll: »Teile ihnen mit, daß ich in einer Viertelstunde vom Dach der östlichen Veranda sprechen werde - dadurch hat die Boys' Brigade genug Zeit, nach draußen zu gehen. Aber fordere ihre Hauptleute zuerst auf, hierher in die Messe zu kommen. Und ... und ich muß vorher noch ein Privatgespräch mit Northumbrien führen. Die Rede beginnt nicht in einer Viertel-, sondern in einer halben Stunde.«

Er schritt zusammen mit Jenny hinaus, und der Jubel verklang kurz danach.

Später kehrte er zurück, unterhielt sich kurz mit den Veteranen an der Bar, trat durch die Tür, ließ sechs Hauptleute der Boys' Brigade herein und plauderte mit ihnen, während Jenny ihnen krügeweise Bier mit Limonade einschenkte. Sie waren zum erstenmal in der Offiziersmesse und benahmen sich mit gebührender Würde. Dann ging Wat auf Tam, Rab und Davie zu und sagte leise: »Eine letzte Bitte, Leute.«

»Bitte abgelehnt«, erwiderte Wardlaw. »Was ist es denn?«

»Ich werde eine Rede vom Verandadach halten und möchte, daß ihr dabei seid.«

»Du brauchst uns für einen Auftritt auf dem *Balkon*, Oberst Dryhope?« trällerte Davie laut. »Wie die Clique, die in Potsdam hinter Hitler herumstand? Oder die Stalin außerhalb des Kremls weniger einsam wirken ließ? Vor einer Stunde hast du das Fenster undurchsichtig machen lassen, um unsere öffentlichen Augäpfel auszuschließen. Ich wußte, das Macht korrumpiert, aber ich wußte nicht, daß sie *so* schnell korrumpiert!«

»Du brauchst unsere Unterstützung nicht, Dryhope«, sagte Tam Wardlaw mürrisch.

»O doch, ich brauche euch alle drei«, widersprach Wat und kniete sich hin, so daß sein Gesicht auf gleicher Höhe mit den ihren war. »Unsere Familien wollen stolz auf Ettrick sein, gleichgültig, was Genf sagt. Deshalb warten dort draußen alle möglichen Leute außer Tanten und Omas. Wir können sie stolz machen, wenn wir zusammenstehen. Ich werde da draußen mit dem alten Megget und mit Cappercleuch und Hartleap erscheinen, Veteranen, die in Ilkley und Kettering und Sunningdale gekämpft haben. Ich werde Hauptleute der Boys' Brigade neben mir haben, Champions der Zukunft. Wie kann ich Stolz erwecken, wenn die besten Soldaten, die unseren schwersten Kampf überlebt haben – drei des Quorums, durch das ich zum Obersten ernannt wurde –, wie schmollende Bairns im Schatten girnen, während wir übrigen in der Sonne stehen und versuchen, mutig zu wirken? Ihr duhren faulen Säcke, ihr braucht nicht mal zu stehen! Ihr habt keine Beine! Ihr braucht nur eure Stühle durch die Tür hinter euch zu rollen.«

»*Überzeugt* er uns, Deuchar?« fragte Rab Gillkeeket. »Wenn meine Drüsen nicht disjaskit wären, würde seine Rhetorik mich aufputschen, aber *überzeugt* er uns?«

»Er hat an unseren Clan-Patriotismus appelliert«, überlegte Davie. »Dann hat er uns geschmeichelt, uns beschämt und verspottet. Diese Mischung aus Schlauheit, Freundlichkeit und Grobheit galt einst als Merkmal der schottischen Bauernschaft, aber Wat ist kein Bauer, und wir sind nichts als Wracks. Was meint Wardlaw?«

Tam Wardlaw sagte heftig: »Wir werden's tun und sind damit durch!«

Wat nickte, bat sie, sich in fünf Minuten bereitzuhalten, und setzte sich an einen Tisch, auf den Jenny einen Becher Milch und einen Teller mit Sandwiches gestellt hatte. Es war seine erste Mahlzeit jenes Tages.

Die blinkerige Frostschicht verdampfte und trieb nach oben fort, so daß die Wand transparent wurde. Ein Teil davon öffnete sich auf einen Dachgarten über der Veranda. Wat schickte die Veteranen und Hauptleute der Boys' Brigade mit Getränken hinaus und überließ es ihnen, sich einen Platz auszuwählen. Dann folgte er mit den

Krüppeln; sie bahnten sich einen Weg an den Tischen vorbei bis zu dem Geländer, das als Brüstung diente. Er stellte einen Stuhl zwischen Wardlaw und Deuchar, setzte sich hin, die Arme auf dem Geländer verschränkt, und wartete.

Diese formlose Ankunft erregte wenig Aufmerksamkeit. Die Wolke war aufgeklafft, so daß die Nachmittagssonne hindurchfilterte. Die Menge, viel größer als bei seinem Eintreffen, war nun in Festtagsstimmung. Manche picknickten plaudernd auf dem Rasen; Gruppen umringten Fiedler, Ringer, Sänger und Redner. Alkohol und Schnupftabak von der Art, wie ihn keine Hausmutter synthetisch herstellen würde, wurde von Gangrels gegen Handcoms und Kleidungsstücke eingetauscht. Einige Leute in bunter, exotischer Gewandung machten Reklame für den Wolkenzirkus. Wat bemerkte eine Frau auf acht Meter hohen Stelzen, die von einer rot und weiß gestreiften Hose bedeckt waren. Sie trug einen Zylinder mit Sternenbanner und einen Frack, stieg über die Köpfe der Menge hinweg und wedelte auf komisch-bedrohliche Weise mit einem Sonnenschirm, der wie die Wolke einer Kernexplosion geformt war. Am Rand der Menge machten Kinder auf Ponys Wettrennen durch Farn und Heidekraut. Die einzigen feierlichen Akzente wurden von Reitern gesetzt, die seit dem Morgen gewartet hatten; einige saßen im Sattel, andere standen neben den Köpfen ihrer Tiere. Das Einzige, was Wat zu schaffen machte, war ein Öffentliches Auge knapp vor seinem Gesicht. Seit einem Jahrhundert hatte es in Friedenszeiten keine so große Veranstaltung unter offenem Himmel gegeben wie diese, deshalb würden Öffentliche Augen seine Rede mit Filmen von Führern untermalen, die in der späthistorischen Ära riesige Menschenmengen aufpeitschten. Aber da seine Kameraden und er nicht in formellen Gruppen beisammen standen, würde er ganz anders klingen und aussehen. Er warf einen Blick auf das winzige Mikrofon an seiner Brust und beschloß, im Sitzen und mit gekreuzten Armen zu sprechen.

Plötzlich bemerkte er einen Teil der Menge, den er bisher übersehen hatte. Auf dem Boden vor der Veranda stand die Boys' Brigade in sechs geraden Reihen. Die Füße auseinander, die Arme auf dem Rücken verschränkt, die Gesichter zu Wat emporgewandt, schien jeder die kindliche Kopie des anderen zu sein. Ohne Hauptleute, von einem Diener nach draußen beordert, um sich die Rede des neuen Obersten anzuhören, hatten sie diese Haltung gewählt, um die Disziplin zu verdeutlichen, die sie von den Zivilisten trennte. Wat erhob sich lächelnd und beugte sich zu ihnen vor. Er dämpfte das Mikrofon mit einer Hand, salutierte mit der anderen und rief hinunter: »Wegtreten, Männer, dies ...«

Er hatte sagen wollen »ist keine militärische Veranstaltung«, aber ein mächtiges Hallen übertönte seine Worte: Das Mikrofon war sensibler, als er geahnt hatte. Er richtete sich auf und sah, daß ihm alle Beachtung schenkten; die einzigen Geräusche waren das verklingende Summen eines Dudelsacks und das Rascheln von Menschen, die sich umdrehten oder aufstanden, um ihn besser erkennen zu können. Er sagte ruhig: »Wat Dryhope hier. Ich möchte zu Freunden sprechen. Würde das Öffentliche Auge bitte den Raum zwischen uns freimachen?«

Das Auge bewegte sich ein wenig zur Seite. Seine Stimme trug ohne grotesken Widerhall bis zum Ende der Menge, und er spürte eine sofortige Erregung, ein Sehnen nach der emotionalen Einigkeit, auf die er bei seinem Abstieg aus den Hügeln gestoßen war. Diese Erregung gab ihm das Gefühl rechtschaffener Macht, denn im Gegensatz zu den Politikern der finsteren Vorzeit würde er jene blinde Einigkeit durch die bedachte Übermittlung vernünftiger Informationen zerstreuen. Er begann: »Ich hab' nicht viel zu sagen, aber die meisten von euch warten seit Stunden hier, deshalb setze ich mich nun hin und sage es. Wenn ihr klug seid, werdet ihr meinem Beispiel folgen - das ist ein Vorschlag. Die jüngeren Kadetten sollen unterdessen wegtreten und sich auf den Boden setzen - das ist ein Befehl.«

Wat ließ sich wieder auf seinen Stuhl sinken und kreuzte die Arme auf dem Geländer. Die Boys' Brigade tat, was er befahl. Mit einem Murmeln, das Belustigung verriet, folgten alle außer den Reitern seinem Beispiel. Wat hielt seine Rede.

»Ich nehme an, ihr seid gekommen, um Dinge zu erfahren, die euch das Öffentliche Auge vielleicht nicht bieten wird, denn es existiert zu dem Zweck, ernste Kriegsspiele als Unterhaltung zu verkaufen. Hier sind die nüchternen Tatsachen: Oberst Tam Wardlaw hat mir seinen Posten übergeben, weil ich der einzige Soldat in Ettrick mit zwei Armen, zwei Beinen und ohne innere Verletzungen bin. Ich befinde mich in dieser gesunden Verfassung, weil General Craig Douglas mir befahl, die Nachhut zu führen, was in unserer letzten Schlacht die ungefährlichste Aufgabe war. Unsere ganze Armee war so organisiert, daß ich sicher zu der Klippe gelangen konnte, wo ich meinen kleinen Trick mit der Standarte vollführte. Während unsere Armee mir den Weg bahnte, wurde sie fast völlig vernichtet, aber mir ist nichts passiert. Kein Wunder, daß Genf diese Taktik verurteilt hat.

Mein gegenwärtiger Gesundheitszustand hat auch damit zu tun, daß ich von der Klippe rollte, als das Massaker begann, daß ich danach von einem Busch aufgefangen wurde und daß General Shafto von Northumbrien mich wieder hochzog. Vor weniger als einer Stunde habe ich mit General Shafto gesprochen und ihm unsere Besorgnis mitgeteilt, die Nordseeströmungen könnten unsere alte Stange außer Reichweite schwemmen. Er sendet Taucher von Whitby, die sie ausfindig machen und eine Boje daran befestigen sollen. Morgen können wir sie zurückholen, wenn wir wollen. Gute Männer, die Northumbrier.

Und unsere Zukunft? Wie Genf sagt, müssen zehn Jahre vergehen, bevor wir eine neue Berufsarmee heranziehen und ausbilden können. Es ist also nicht dringend notwendig, einen neuen General zu wählen. Unsere verwundeten Offiziere werden sich erholen, aber wir wissen nicht, bis zu welchem Grade. Einige unserer Veteranen werden vielleicht in den aktiven Dienst zurückkehren. In drei oder vier Jahren werden die jungen Hauptleute hier neben mir alt genug für den Kampf sein. Auf diesem Dach und unter euch stehen potentielle Generale, und noch viel mehr sind zu Hause bei ihren Tanten. Eine Armee aufzubauen ist wichtiger, als einen General zu wählen. Glücklicherweise werden uns unsere Nachbarn an den Ufern von Tweed und Leader, Teviot und Esk Offiziere zur Verfügung stellen, die junge Soldaten und neue Rekruten ausbilden können.«

Wat erhob sich. »Das war's, was ich euch mitteilen wollte. Lebt wohl.«

Er salutierte und drehte sich um, um hinauszugehen, als eine Stimme fragte: »Auf ein Wort, Oberst Dryhope?«

Es war eine feste, ruhige, erwachsene, männliche Stimme, und sie kam aus der Menge.

»Du hast schon mehrere gesagt«, entgegnete Wat und wandte sich um. »Wenigstens vier. Aber wieso kamen sie durch die Lautsprecher des Kriegerhauses?«

»Ich bin Archie Cook Crot«, sagte die Stimme. Die Bemerkung löste schallendes Gelächter aus, denn die Cook Crots waren berühmt für ihr elektronisches Fachwissen.

»Das erklärt alles«, meinte Wat und schaute leutselig zu einer Gruppe Reiter hinüber, aus der sich ein stämmiger Mann vorgeschoben hatte. »Was hast du zu sagen, Archie?«

»Nur daß Genf sich irrt, was die zehn Jahre betrifft. Über zweihundert ausgewachsene Ettrick-Männer sind hier, um sich heute als Rekruten zu melden, und morgen könntest du noch mal genauso viele haben. Wenn wir uns bei der Ausbildung ins Zeug legen ... und das werden wir doch, Jungs, oder?« Er drehte sich im Sattel um, und aus vielen Mündern ertönte ein lautes *»Jawohl!«* - »... dann wirst du in weniger als einem Jahr eine vollständige erwachsene Streitmacht haben.«

Seine letzten Worte gingen in einem Jubelsturm unter, denn die ganze Schar jüngerer Menschen war rufend und klatschend und lachend aufgesprungen. Die Henderlands hoben ihre Dudelsäcke, blähten die Wangen auf und schickten sich offensichtlich an, den Geräuschpegel noch zu erhöhen.

»DU GAUK, ARCHIE!« brüllte Wat, *»DU DEUTETER GOMERIL! DU BLÖDER NJAFF! DU BLIRT!«*

Die Verstärkung war so gewaltig, daß die Menge verstummte. Viele schlugen sich die Hände vor die Ohren, Tam Wardlaw drehte seinen Stuhl um und rollte hastig zurück in die Messe. Wat riß sich zusammen und sagte ruhiger: »Männer werden Soldaten, Archie Cook Crot, weil wir zu nichts anderem taugen! Die Cook Crots sind Lehrer, Zauberer, Gurus im Mandarinnetz! Als ich im

Satellitengürtel war, fragten Leute, die meine Stimme hörten: ›Du bist Schotte. Woher?‹ – ›Aus Ettrick‹, sagte ich. ›Aus Ettrick?‹ fragten sie. ›Kennst du die Cook Crots?‹ Und weil ich mit euch gespielt hatte, als wir Bairns waren, verdoppelte sich ihr Respekt vor mir. Immer wenn verrückte Chemikalien einen neuen Virus hervorbringen – vielleicht ist's andersrum, ich bin zu dumm, um das zu wissen –, wollen die Sternensäer das Problem in ein Mandarinnetz mit wenigstens einem Cook-Crot-Guru darin eingeben. Warum sollte sich jemand mit einem Quentchen intellektueller Begabung für ein Leben ausbilden lassen, das der schweren Körperverletzung gewidmet ist?«

»Du glaubst, daß wir nicht den Mumm dafür haben, Wat?« höhnte eine Stimme von irgendwo und rief vereinzeltes Gelächter hervor.

»Wattie«, sagte Archie freundlich, »es hat keinen Zweck, das zu wiederholen, was unsere Tantchen uns heute morgen erklärt haben. Du bist ein großartiger Soldat und hast keine Illusionen, was das Kämpfen betrifft. Ich bin ein Guru und halte auch nicht viel von meinem Beruf. Es macht mir Spaß, auf Tastaturen den Mandarin zu spielen, Fäden in einem Wissensnetz zu weben, das eines Tages die Sterne miteinander verbinden wird, aber ich bin kein unsterbliches Genie. Unsterbliche behandeln mich wie einen der ihren, weil ich ihre Sprache spreche und sie mich für nützlich halten. Aber als ich gestern von meinem Cousin Willie hörte, daß er in die Armee eintreten möchte, wurde mir klar, daß ich vor allen ein Ettrick-Patriot bin.«

»*WARUM?*«, fragte Wat so heftig, daß er neue Jubelrufe im Keim erstickte.

»Zum Vergnügen«, sagte Archie, und Wat sah über das Meer von Köpfen hinweg, wie ein breites Grinsen das runde Gesicht der vierschrötigen Gestalt auf dem Pferd verzerrte. »Es war herrlich, Bestürzung in einem ewigen

Netzsystem zu verbreiten, das mich für ein verläßliches Mitglied gehalten hatte. Mir gefallen das Erstaunen, die Bewunderung und der Kummer, die meine Schwestern, Tanten und Omas nun für mich empfinden. Aber am meisten gefällt es mir, mich selbst zu verblüffen. Und ob! Wird sich ein Guru wie ich monatelang in Kriegskünsten drillen lassen und bei Zwangsmärschen über die Hügel in seinem Mantel schlafen? Die Vorstellung ist so phantastisch, daß ich ihr nicht widerstehen kann. Vielleicht werde ich unter der Belastung zusammenbrechen. Ich bezweifle es. Wir werden ja sehen.«

Der Jubel, der nun aufstieg, war so laut, daß er nicht erstickt werden konnte. Wat schlenderte auf dem Dach hin und her und wartete, bis der Lärm verklang. Er bemerkte, daß die Veteranen und die Hauptleute der Boys' Brigade nun in den Formationen hinter ihm standen, die er hatte vermeiden wollen, aber da sie im Sitzen jetzt albern gewirkt hätten, nickte er ihnen beifällig zu. Je mehr er über die Erneuerung der Armee nachdachte, desto aufregender kam sie ihm vor. Als er sich wieder der Menge zuwandte, spielte ein schwaches, verkniffenes Lächeln um seinen Mund. Er brachte das leiser gewordene Getöse durch eine Geste zum Verstummen und sagte: »Kein Gesetz kann einen Mann in Ettrick daran hindern, zu uns zu stoßen, wenn er gesund und verrückt genug dazu ist. Wenn ich versuchte, euch jetzt zurückzuweisen, würdet ihr meinen, daß ich all die kleinen Jungs für mich selbst haben will. Kehrt nach Hause zurück und schickt eure Namen und Gesundheitszeugnisse hierher. Wenn ihr tauglich seid, wird man euch mitteilen, was ihr für eure Grundausbildung mitbringen müßt. Und ich verspreche euch, es wird kein Zuckerschlecken. Ihr habt sieben Tage, in denen ihr es euch anders überlegen könnt, während ich ein völlig neues Ausbildungsprogramm entwerfe. Lebt wohl.«

Er wandte einer neuen Welle des Jubels den Rücken zu und trat rasch in die Messe, wo er ein mächtiges Gähnen nicht mehr unterdrücken konnte.

»Sie brauchen Ruhe, Oberst Dryhope«, murmelte Jenny.

»Ruhe und Abgeschiedenheit, Jenny.«

»Das Quartier des Befehlshabers ist für Sie bereit, Sir«, sagte Jenny und führte Wat aus der Messe in den Kommunikationsraum und brachte ihn von dort mit einem Lift in eine Wohnung, die er zum erstenmal sah. Der letzte, der sie benutzt hatte, war sein Vater gewesen.

4
PUDDOCKKOMPLOTT

Wat erwachte auf einer Klosettschüssel sitzend und war sicher, nicht länger als ein oder zwei Minuten bewußtlos gewesen zu sein. Als er den Raum verließ, wollte ihm zuerst nicht einfallen, wo er war und weshalb. Durch klare Wände an allen Seiten sah er Hügel, Wälder, Seen, die er seit seiner Kindheit kannte. Sie wurden von einer vertrauten Abendsonne erhellt, aber auf eine Weise, die ihm fremd war. Etwas Wichtiges fehlte: das Kriegerhaus. Dann begriff er, daß er sich darüber befand. Die Wohnung des Ettrick-Kommandeurs lag in einem Turm, den er von außen immer für einen Sonnenheizschacht gehalten hatte. Entzückt über seine plötzliche Erhöhung, stieß er ein bellendes Lachen aus, das seine Kehle fast schmerzen ließ. Ohne Eile nahm er ein Bad und schlüpfte dann in einen sauberen, locker sitzenden Anzug, der ihm genau paßte. Er ging hin und her und erfreute sich an dem weichen Teppich, den spärlichen, funktionalen Möbeln und der Verbindung von perfektem Komfort mit einer Aussicht auf die Landschaft, die er am meisten liebte.

Kein Wunder, daß sein Vater diesen Ort Häusern vorgezogen hatte, in denen sämtliche Wohnungen auf gleicher Höhe waren.

»Abgeschiedenheit und Macht«, flüsterte er. »Macht und Abgeschiedenheit.«

Er würde nur sehr ungern hier ausziehen, wenn jemand anders General würde. Aber wen sonst konnte man zum General machen? Drei Tage zuvor war es seine ernsthafte Absicht gewesen, Joe für den Posten zu nominieren, aber damals hatte es den Anschein gehabt, daß eine neue Armee noch Jahre entfernt war. Wenn Archie Cook Crot recht behielt, könnte Ettrick vielleicht in sechs Monaten wieder zum Kampf bereit sein. Einige Rekruten würden der Ausbildung gewiß nicht standhalten - er hoffte es, denn es würde die Stärke der übrigen unterstreichen -, aber nur Wat Dryhope würde für das Amt des Generals geeignet sein, wenn er seine Zeit nicht mit Tagträumerei verschwendete. Oberst Dryhope setzte sich an eine Tastatur, rief eine Reihe von Ausbildungsprogrammen ab und begann, sie auf die vermutlichen Bedürfnisse von Rekruten mittleren Alters umzustellen.

Er hörte ein Hüsteln und sah Jenny, der eine Mahlzeit auf dem Tisch bereitstellte.

»Ja, es wird Zeit, daß ich etwas esse«, sagte Wat. »Und ich bin dankbar für deine Schweigsamkeit. Aber nächstes Mal warne mich, bevor du eintrittst. Ein leises Klingeln genügt. Wenn eine Gedankenkette zusammengefügt wird, können sogar kleine Überraschungen sie zerbrechen.«

»Das werde ich in Zukunft tun, Oberst Dryhope, aber darf ich sprechen?«

»Feuer frei«, sagte Wat, setzte sich an den Tisch und deckte die Mahlzeit - gebratene Waldschnepfen - auf.

»Ich habe vier Ettrick-Befehlshabern gedient, Oberst

Dryhope, und diejenigen, die am schwersten arbeiteten, wußten, wie man sich entspannt. Drei taten es mit Alkohol, aber Sie sind doch der Sohn Ihres Vaters?«

»Und?«

»Verschiedene Nachrichten bedürfen Ihrer Aufmerksamkeit, Oberst Dryhope. Manche sind wahrscheinlich Einladungen«, sagte Jenny und deutete auf ein Regal, wo ein Stapel Papiere unter einem Wanddrucker lag.

»Sortiere sie für mich«, sagte Wat und goß Sauce über kleine braune Körper. »Leg Nachrichten über das Kriegerwerk auf meinen Schreibtisch. Wirf Nachrichten von Kanälen des Öffentlichen Auges in den Müllschlucker. Bring den Rest hierher.«

Mehrere Minuten lang sog Wat zartes Fleisch von den kleinen Knochen und verzehrte den Salat. Er schenkte sich Kaffee ein, als Jenny ein Bündel blaßvioletter Papiere neben die Tasse legte. Wat sagte: »Gut gemacht, Jenny. Laß mein Pony satteln und in zwanzig Minuten bereitstellen. Vielleicht reite ich aus.«

»Wäre ein Pferd kein angemesseneres Reittier, Oberst Dryhope? Bucephalus, das Lieblingstier des verstorbenen Generals, ist sowohl elegant als auch gefügig.«

»Ich bin kein eleganter Reiter«, erwiderte Wat freundlich. »Geh raus und tu, was ich gesagt habe, Jenny.«

Die Ausdrucke waren intimer Natur und stammten überwiegend von Frauen, die ihn durch das Öffentliche Auge gesehen hatten und gewisse Eigenschaften an ihm bewunderten. Ein paar kamen von älteren Frauen, die er gut kannte; sie gefielen ihm am besten. Es kränkte ihn, nichts von Nan vorzufinden, aber sie haßte das Kriegsgeschäft, und wahrscheinlich mißfiel es ihr, daß er nun Oberst war. Doch Nans Tochter Annie bat ihn, sie sofort anzurufen. Er tat es. Mit einer Stimme, die voll von Glück und Tränen war, sagte sie: »O Wattie Wattie. O Wattie Wattie.«

»Hallo.«

»O Wattie, es war *blöd* von mir, Angst zu haben, als du heute morgen wütend auf mich warst; meine Tantchen und Omas haben mir *gesagt*, daß ich blöd war. Alle Soldaten haben nach schlimmen Kriegen kleine Wutanfälle, sagen sie, und es schadet ihren Bairns nicht, also kann ich dich wiedersehen, Wattie! Heute abend, wenn du willst!«

Wat brauchte eine Moment, bevor ihm einfiel, wovon sie so wirr redete, dann sagte er verlegen: »Es ist gut, Annie, aber heute abend möchte ich deine Mutter besuchen, wenn sie einverstanden ist. Glaubst du, daß Nan einverstanden ist?«

Er hörte ein Heulen und war froh, keine visuelle Verbindung hergestellt zu haben. Hastig sagte er: »Ja, Annie. In Ordnung. Ja. Mhm. Da deine Omas nichts dagegen haben, kann ich dich vielleicht in zwei Wochen treffen, aber es ist ja möglich ...« - er versuchte, sie durch einen Scherz aufzuheitern - »... daß deine Mami mich einer von deinen Schwestern geben will.«

Sie legte auf.

Er seufzte und schaute hinaus. Der klare Himmel war nun von Schwärmen untertassenförmiger Wölkchen überzogen; die fernsten wurden von der Abendsonne rosa gefärbt. Unterhalb einer jeden war ein Haus, in jedem Haus war wenigstens ein Schlafzimmer, in dem man ihn ekstatisch empfangen würde. Er bedauerte es, seine Arbeit am Ausbildungsprogramm zu unterbrechen, aber Jenny hatte recht, er würde besser arbeiten, wenn er sich zunächst entspannte. Er betrachtete ein Wölkchen jenseits der bewaldeten Spitze von Bowerhope Law. Darunter lag

Bowerhope House, das über den Küstenpfad weniger als drei Kilometer entfernt war. Dort hatten ihn zwei gefällige Schwestern mehr als einmal nett behandelt. Ihre Kosenamen waren Miu und Miau, und sie gingen immer gemeinsam ins Bett. Er rief ihr Zimmer in Bowerhope an und sagte: »Miau?«

»Miu.«

»Oberst Wat Kater kommt, Muschis.«

»Miauoh.«

Als er den Pfad nach Bowerhope erreichte, verdunkelten sich die Schatten unter den Bäumen, aber am Himmel und auf dem Loch lag ein sanftes Glühen. Der Pfad war eben und hatte keine jähen Kurven. Sophia, erfrischt durch die Ruhe und das gute Futter im Kriegerhaus, legte ein zufriedenstellendes Tempo vor. Wat, glücklich über sein Ziel, widmete sich weiteren Gedanken an das Ausbildungsprogramm.

Männer wurden gewöhnlich Soldaten durch eine disziplinierte Fortsetzung der Kriegsspiele, die sie als Kinder gespielt hatten, aber viele der besten Kämpfer der Welt - wie er selbst - waren spät, nach anderen Arbeiten, in die Armee eingetreten. Vielleicht waren sie die besten, weil die Verzögerung ihre Entschlossenheit erhöht hatte. Er würde bald die erste entschlossene Armee von Nachzüglern befehligen, die die Welt seit jener Cromwells in der historischen Ära gesehen hatte. Dann erinnerte er sich an George Washingtons Soldaten, an Napoleons Generale, an Ulysses S. Grant, an Leo Trotzki, an Che Guevara. Die Welt würde ihn mit Hintergedanken an diese Männer beobachten - eine wunderbare, fürchterliche Idee! Er verdrängte seine Erregung, indem er überlegte, wie er schwerer arbeiten und ein besseres Beispiel setzen könnte als die Ausbildungsoffiziere, die - sämtlich gute Männer - von den benachbarten Clans entsandt werden würden. Er dachte an Archie Cook Crot: ein berühmter Physiker, ein intelligenter Mann, ein sehr guter Redner. Archies Muskelkraft und Motorik waren besser, als sein massiger Körper vermuten ließ. Wie viele Gurus beschäftigte er sich in seiner Freizeit mit Jagd und Fischfang und war in der Umgebung für seine Leistungen auf diesen Gebieten bekannt. Er würde sich rasch auf Kriegsspiele einstellen und träumte wahrscheinlich bereits davon, selbst General von Ettrick zu werden. Wat lächelte und murmelte: »Noch nicht, Archie. Warten wir ab bis nach deinem ersten kleinen Krieg.«

Er würde Archie im Zaum halten, indem er ihm schwierige Aufgaben übertrug und ihn beförderte, wenn er sie gut löste. Schon jetzt würde Archie den Befehl erhalten, eine Gruppe freiwilliger Taucher auszuwählen und die Ettrick-Standarte aus der Nordsee zu bergen. Das würde zeigen, daß Oberst Dryhope schon von seinem ersten Amtstag an das Kommando zu führen verstand; gleichzeitig würde es die Ettrick-Traditionalisten entzücken und Cook Crots Eitelkeit schmeicheln. Wat hob sein Handcom, um Archie anzurufen, und sah, daß das Display dunkel war - bis auf das Wort STRAHLBLOCKIERT. Er schüttelte und beklopfte es und fragte sich, weshalb es einen so unmöglichen Grund für die Fehlfunktion angab.

Die Strahlen wurden durch menschliche Vermittlung von Satelliten ausgesandt. In einem Streit zwischen zwei Satelliten um eine Habitatzone hatte ein Unruhestifter einmal vorübergehend Teile eines Konkurrenznetzes blokkiert - es kam einem illegalen Kampf näher als alles, was die Menschheit seit über einem Jahrhundert erlebt hatte. Aber niemand - so boshaft er auch sein mochte - würde interplanetarische Energien einsetzen, um jemandem mit Hilfe eines Handkommunikationsgerätes einen Streich zu spielen.

Plötzlich wurde sein Ohr von einem wiederkehrenden Geräusch geneckt, das nicht lauter war als das Plätschern kleiner Wellen am Strand zu seiner Linken: von einem gelegentlichen sanften Klingeln an dem bewaldeten Hang zu seiner Rechten. Er schaute hinüber und entdeckte einen glühenden violetten Punkt, der vor der Dunkelheit unter den Zweigen dahinsauste. Anscheinend - dachte Wat - ein seltsam gefärbtes Öffentliches Auge in großer Entfernung. Mit einem weiteren sanften Klingeln schwebte der Punkt herbei und blieb vor seinem Gesicht stehen. Es war eine Blase von kaum mehr als einem Zentimeter Durchmesser und mit einer violetten Kontur; sie enthielt einen Kopf mit üppigem schwarzem, schulterlangem Haar und einem Frauengesicht, das jedoch so klein war, daß Wat es nicht erkennen konnte. Er starrte abweisend auf eine Stelle darüber und hörte eine winzige, deutliche, sehr mädchenhafte englische Stimme, die eine rauhe amerikanische und dann eine heisere germanische Färbung annahm. Doch während dieser Akzentveränderungen blieb sie auf spöttische, hurenhafte Weise weiblich und erregte ihn auf eine Art, die ihm widerwärtig war.

»Bitte ignorieren Sie mich nicht, Sir, ich bin die Fee Tinker Bell, die all Ihre Träume wahrmachen wird, aber Sie dürfen mich Phyllis Marlowe nennen. Ich schnüffele privat, nicht öffentlich, und ich gehöre dir mit Haut und Haaren, Darlink.«

»Fuck off«, sagte Wat kalt. »Ich gebe hirnrissigen Voyeuren, öffentlichen oder privaten, keine Interviews.«

Die Blase wich zurück, als wäre sie geschlagen worden, und ließ sich auf Sophias Kopf zwischen den Ohren nieder. Diese zuckten, als das Stimmchen schrillte: »Oooooooh, warum bist du so grauauauenhaft zu mir?« und bittere Schluchzgeräusche von sich gab. Sophia änderte ihr Tempo nicht. Wat hielt sie zu einem holprigen Trab an, ihrer schnellsten Gangart, aber die Blase blieb zwischen den Ohren.

»Ich werd dir 'ne Geschichte erzählen, Schätzchen«, sagte eine Stimme, die der einer schottischen Oma erstaunlich ähnelte. »Es war einmal ein kleiner Junge, der die Mädchen von Ettrick und gewöhnliche Kriegsspiele nicht mochte. Er mochte wilde historische Kriege, die ohne Regeln ausgefochten wurden und die Welt veränderten. Kriege voll von wilden, bezaubernden Frauen und Explosionen und Raumschiffen, die ihn zu neuen Welten brachten. In sentimentalen Momenten hatte er auch Spaß an Gartenarbeit, deshalb beschloß er, Sternenbesäer zu werden.«

»Ein Drittel der Menschheit fängt so an«, meine Wat verächtlich.

»Dieser Junge war einzigartig, Schätzchen. Aber größer als die übrigen und schämte sich dessen, weil er dachte, daß Frauen ihn nicht mochten - und natürlich hätte er ein armes Mädchen, das ihn doch leiden konnte, nicht haben wollen. Deshalb sehnte er sich nach neuen Welten, wo er kein Außenseiter sein würde, weil er sie beherrschte. Außerdem hatte er den Schneid, sich besonders auf Gebieten anzustrengen, die er haßte, also muß er schrecklich unglücklich gewesen sein. Nach drei qualvollen Jahren Tastaturarbeit wußte er genug über Astrophysik und Biologie, um in den Weltraum zu gelangen, obwohl sein Geist nicht gerade wissenschaftlich war. Zwei Jahre in Satelliten-Treibhäusern setzten seiner Liebe zur Gärtnerei ein Ende. Ein Gespräch mit einem Unsterblichen beendete seinen Traum, neue Welten zu erreichen - das konnte er nur tun, wenn er seine Kindheitsträume vergaß. Er kam nach Hause zurück, wurde Soldat wie sein Daddy und ist nun ein weltberühmter Held. Damit wird er nicht zufrieden sein.«

»Hast du mir nichts Neues mitzuteilen?«

»Oui, bei unserem nächsten Treffen, Chéri«, flüsterte die Stimme mit einem französischen Akzent. »Dem Treffen, bei dem wir zu einem Liebespai-*ir* werden.«

Wat lachte. Er bemerkte komische Situationen nur selten, aber dies schien eine zu sein. Deshalb betrachtete er die Blase freundschaftlich. Sie enthielt nun einen Mund mit vollen Lippen, die genau nach einer Hollywood-Mode der 1940er scharlachrot angemalt waren (seitdem war die Mode wenigstens dreimal pro Jahrhundert wiedergekehrt). Er sagte: »Da du aus den Soundtracks alter Filme hergestellt bist, wird *so* ein Treffen mir wohl nicht viel Spaß machen. Wahrscheinlich bist du nicht einmal eine Frau. Wirkliche Frauen brauchen keine Satellitentechnologie, um einen Mann zu verführen.«

Eine Pause trat ein, in der Sophia wieder das für sie bequemste Tempo einschlug. Die Stimme sagte: »Eine intelligente Folgerung, Oberst Dryhope, aber ich bin voll und ganz eine Frau. Dieses feinsinnige Vorspiel garantiert, daß wir uns ohne Hemmungen körperlich begegnen können, aber es ist *deine Seele*, die ich verführen möchte.«

Die Stimme klang nun wie eine sanfte Frau aus dem Südosten Englands mit einem leicht exotischen Beiklang der Karibik oder der amerikanischen Südstaaten. Wat hatte sie schon einmal gehört. Er fragte gutgelaunt: »Warum möchtest du das?«

Eine Männerstimme antwortete. Wat brauchte ein paar Sekunden, um sie als seine eigene zu erkennen.

»Gib mir eine Periode der Aufregung, als die Menschen glaubten, eine bessere Welt zu schaffen ... Wut, nicht Sorge ist meine Krankheit ... Ich hasse Frauen wegen ihrer abscheulichen, selbstgefälligen Sicherheit ... Ich wünsche mir die schlimmen alten Tage, als Kriege keine Regeln hatten und Bomben auf Häuser fielen und Frauen und Männer zusammen starben wie WIRKLICH gleichberechtigte Partner! Gleichberechtigt in der Qual und Verstümmelung! ... Abgeschiedenheit und Macht, Macht und Abgeschiedenheit.«

Wat spürte einen Druck auf dem Herzen und den Trommelfellen. Er atmete sehr bedacht, um sinnlose Wut zu vermeiden.

Dann tat er so, als gähne er, und sagte, die Benutzung von Satellitentechnologie zum Eindringen in Privatsphären sei die Art krimineller Belästigung, welche die Welt vor über einem Jahrhundert hinter sich gelassen habe; sie widerspreche der Genfer Konvention und sei ein Ausdruck infantiler schlechter Manieren.

»Yeah, aber ich bin ein richtig wildes Ding und *vogelfrei*, Honey«, sagte die Stimme amerikanisch. »Ich bin eine Nutte vom Dienst, und ich werde *dich bedienen*.«

»Du bist auch eine Medienperson. Heute morgen hast du mich mit deiner englischen Stimme aus einem öffentlichen Augapfel angesprochen, der aus einem Blaubeerbusch sprang, als ich an Thirlstane vorbeikam. Wie kannst du öffentlich und gleichzeitig privat sein?«

»Wie kannst du im Ettrick-Kriegerhaus Oberst Dryhope und zu Hause bei deinen Tantchen Wattie sein? Auch Medienleute haben es mit mehr als einer Gruppe zu tun, Oberst Dryhope. Je mehr Gruppen wir angehören, desto mehr Macht haben wir. Ich bin in über einem Dutzend und bilde nun die mächtigste Gruppe der Welt. Sie hat zwei Mitglieder: dich und mich.«

»Ich werde dieses Gespräch mit Archie Cook Crot erörtern«, sagte Wat grimmig. »Du hast vielleicht von ihm gehört. Er wird wohl nicht mehr als eine Stunde am Informationsnetz benötigen, um den Strahl ausfindig zu machen, den du benutzt. Und er wird feststellen, wo du bist und wer du bist.«

Für eine Weile blieben die Lippen leicht geöffnet. Ihre Besitzerin dachte entweder konzentriert nach oder lauschte Anweisungen von jemand anderem, doch Wat fühlte sich nicht im Nachteil.

»Ich wäre sehr verletzt, wenn du Archie Cook Crot von mir erzähltest, Oberst Dryhope«, sagte der Mund schließlich. »Andere würden auch darunter leiden. Du bist keiner, den man einschüchtern kann, aber dein Clan würde vielleicht am stärksten in Mitleidenschaft gezogen werden.«

»Ich habe keine Angst vor mysteriösen Drohungen«, sagte Wat grinsend. »Und keine Angst vor Leuten, die Dinge wiederholen, die ich beiläufig oder in schlechter Laune geäußert habe. Warum spielt ihr nicht noch einmal meine Wort vor der Schlacht, als ich versuchte, die Ettrick-Weans zu retten? Genf hat das zur Kenntnis genommen.«

»Das ist nicht die Seite von dir, die ich anziehend finde«, sagte der Mund sanft. »Weißt du nicht, daß sich viele Frauen hilflos in den Armen eine mächtigen Mannes fühlen wollen, den sie mit Gott gleichsetzen?«

»Wenn du eine Masochistin bist, die einen gewalttätigen Grobian haben will, dann such dir einen anderen Soldaten. Die Gattung ist nicht ausgestorben.«

»Ah, aber du hast so *unrecht*, Chéri! Die Gattung ist praktisch ausgestorben. Andere Soldaten verschwenden ihre Gewalttätigkeit in konventionellen Kriegsspielen und kehren dann nach Hause zurück, um sich von ihren konventionellen Tanten und Geliebten pflegen zu lassen. Und ich bin mehr als ein sinnliches Wesen - auch ich bin eine Außenseiterin, die diese von Tanten und Omas regierte Welt nicht ertragen kann. Es gibt sie schon zu lange, sie ist verbraucht, sie muß erneuert werden. Du spürst das ebenfalls, Wat. Deshalb wolltest du mit Annie Craig Douglas ein Reich für zwei gründen. Es wäre zu klein für dich gewesen. Erneuere die Welt zusammen mit mir! Es wird ein gefährliches Werk sein, aber keiner von uns beiden fürchtet Gefahr. Außerdem wird dazu politische Intelligenz benötigt.«

»Reine Floskeln!« sagte Wat ungeduldig. »Wenn du einen konkreten Vorschlag hast, Ms. Medien, solltest du ihn jetzt in einer vernünftigen modernen Sprache vorbringen. Das Adjektiv *politisch* ist vor anderthalb Jahrhunderten bedeutungslos geworden.«

»Wenn du über diese Begegnung schweigst ...« sagte der Mund langsam, »... werde ich dir morgen einen Vorschlag machen.«

»Wann?«

»Wenn du ins Kriegerhaus zurückkehrst. Versprich, bis dahin zu schweigen.«

»Ich verspreche nichts. Ich werde nicht hierüber reden, bis wir uns treffen. Damit mußt du zufrieden sein.«

Die Blase schnellte an sein rechtes Ohr und flüsterte: »Hast du jemals ein Medienbiest gefickt, oder tust du es nur mit Muschis?«

»Weder mit Biestern noch mit Blasen.«

»Wenn du hierüber plauderst, werden wir uns nie *leibhaftig* begegnen, Chéri. Und du wirst die Chance verlieren, die Welt nach dem Bild deiner wildesten Träume neu zu schaffen - und schnell! Bonsoir. Ich werde mich jetzt mit einem höchst melodischen Klimpern davonmachen, aber denk daran, ich höre jedes Wort, das du sagst, und liebe die meisten Worte, die zu sagen du Angst hast. Unser Liebesspiel wird sich von dem mit anderen unterscheiden. Es wird dich stärken, nicht entspannen. Ich werde dir beibringen, dich nicht zu schämen.«

Er drehte sich rechtzeitig um, um die Blase mit einem melodischen Klimpern verschwinden zu sehen.

Es war bereits nach Sonnenuntergang, aber silbrige verstreute Kiesel machten den Weg kenntlich. Die Ziffern auf seinem Handcom glühten wieder. Wat wählte Archie Cook Crot an und fragte, ob er die Bergung der Standarte organisieren werde; er solle den Veteranengeneral Megget und drei Hauptleute der Boys' Brigade mitnehmen, um zu zeigen, daß es sich um eine Angelegenheit der Ettrick-Krieger handele.

Archie Cook Crot, dessen Stimme erfreut klang, sagte ja, denn er habe sich bereits Sorgen um die Standarte gemacht. Er wolle auch Jimsy Henderland (einen ausgezeichneten Taucher) mitnehmen und früh aufbrechen.

Wat forderte ihn auf, die Himmelsschlitten des Kriegerhauses zu benutzen, doch zuerst Kontakt mit General Shafto herzustellen. Dann zögerte er und sagte: »Mach mir Meldung, sobald ihr zurückgekehrt seid.«

Er schaltete ab und überlegte, ob er es bedauern werde, Archie nicht sofort einen fachlichen Auftrag gegeben zu haben. Kurz darauf erblickte er die Lichter von Bowerhope. Er wurde enthusiastisch begrüßt, aber es war kein befriedigender Besuch. Miu sagte: »Die Veroberstung hat dich geschwächt, Wat Dryhope. Du scheinst nicht bei uns zu sein.«

Unsere Träume lassen die Ereignisse des wachen Tages an uns vorbeiziehen und verarbeiten sie zu dem Muster der Erinnerungen und Wünsche, die unseren Charakter ausmachen. Wat träumte behaglich von seinem Streit mit Annie, weil er erwartete, daß junge Mädchen lästig sein würden. Auch seine triumphale Ankunft im Kriegerhaus und seine rasche Beförderung zum Kommandeur paßten in seine Träume; er hatte nicht damit gerechnet, doch frühere Bemühungen hatten ihn darauf vorbereitet. Nichts hatte ihn auf das Gespräch während des Rittes nach Bowerhope vorbereitet. Seine Träume wurden garstig und weckten ihn lange vor der Morgendämmerung. Er lag ganz still, da er die freundlichen Körper an seinen Seiten nicht aus dem Schlaf rütteln wollte, und seine beschwerlichen Gedanken hinderten ihn daran, sich auszuruhen.

Er dachte zuerst an Leute von Gesellschaften des Öffentlichen Auges. Den Übermittlern der Kriegsspiele gefiel es offensichtlich, sich dem Blutvergießen zu nähern, ohne selbst verletzt zu werden. Eine solche Frau mit einem Hang zu hochgewachsenen, uneleganten, karnaptiösen Soldaten konnte leicht öffentliche Geräte benutzen, um Privatbegegnungen zustande zu bringen. Aber man hatte seit wenigstens fünf Tagen Wats Bewegungen verfolgt, seine Worte aufgezeichnet und zurechtgeschnitten, bevor er durch einen Blockierstrahl vom Informationsnetz getrennt worden war. Durch eine einzigartige Methode hatte man ihm mitgeteilt, daß man ihn *hier und jetzt, zwischen*

Miu und Miau immer noch überwachte. Keine Einzelperson konnte soviel Energie für private Zwecke aufwenden, ohne als egoistischer Verschwender bemerkt und unterbrochen zu werden. Da das Medienbiest keine Angst vor einer Unterbrechung hatte, mußte es zu einem Team gehören, das ein Programm über ihn herstellte. Damit wurde die erste Vorschrift in der Menschenrechts-Charta verletzt: NIEMAND DARF VON EINEM ANDEREN AUSGENUTZT WERDEN, OHNE ES ZU WISSEN UND ZU WOLLEN. Aber ein Team, das gegen diese Vorschrift verstieß, mußte heimlich arbeiten, und Geheimgesellschaften (wie Regierungen, Börsen, Banken, nationale Armeen, Polizeikräfte, Werbeagenturen und andere Gruppen, die nichts herstellten, was Menschen benötigten) hatten mit der historischen Ära geendet. Das moderne Informationsnetz stand jedem offen. Es konnte nur von Leuten heimlich genutzt werden, die keine Neugier erregten, doch das Medienbiest hatte seine Neugier willentlich erregt. Was für Dinge konnten solche Leute wollen, an die sie nicht offen herankamen? Die frühesten christlichen Kirchen, die Freimaurer und die Gewerkschaften waren Geheimgesellschaften gewesen. Sie glaubten, alle guten Menschen seien vor Gott oder vor der natürlichen Gerechtigkeit gleich, deshalb hatten ungerechte Regierungen sie verboten. Große Regierungen gründeten später eigene Geheimgesellschaften - FBI, CIA, KGB, MI5; diese logen und folterten, raubten und mordeten auf eine Weise, die ihren Arbeitgebern gestattete, sich öffentlich von ihnen zu distanzieren. Und Menschen waren von Al Capones Mob, von der Mafia und der IRA, die ebenfalls geheime Regierungsorganisationen darstellten, beraubt und ermordet worden. Wats Kopf schmerzte bei dem Bemühen, sich Gründe für Heimlichkeit auf einer Erde vorzustellen, deren größte Regierung die Familie war und auf der jede Familie das hatte, was sie benötigte.

Ein paar Sekunden später rutschte er behutsam zum Fußende des Bettes und schlüpfte hinaus.

Im glühenden Licht des Kalenders auf einem Bildschirm sah er, wie Miu und Miau auf die Fläche rollten, die er freigemacht hatte, und einander ohne aufzuwachen umarmten. Leise tippte er eine Botschaft, in der er Bedauern über seine kümmerliche Reaktion auf ihre Begrüßung ausdrückte und sie bat, sein Pony von einem ihrer Kinder zum Dryhope-Gemeindeland zurückbringen zu lassen. Dann zog er sich an und trat durch eine Tür auf die Veranda.

Nach ein paar Schritten auf dem Strandweg unter den Bäumen stieß sein Fuß an etwas Weiches. Er blieb stehen und blinzelte hinunter. Am Himmel war nicht viel Licht, doch der Pfad war so hell, daß er einen kleinen schwarzen Körper neben der Zehe seiner rechten Sandale und zwei oder drei weitere vor ihm verstreute erkennen konnte: versteckte Bomben? Er bückte sich und sah, wie der nächste Körper ein Bein zurückwarf und zwei Zentimeter vorwärts taumelte.

»Ich hoffe, du hast mehr Spaß als ich«, sagte er, ging weiter und achtete sorgsam darauf, wohin er die Füße setzte. Eine Minute später fuhr er fort: »Wer immer mir zuhört, sollte vielleicht wissen, daß meine letzte Bemerkung an einen Puddock gerichtet war. Dies ist die Nacht, in der Puddocks zur nächstgelegenen Süßwasserfläche ziehen, um ihr jährliches Bumsfest abzuhalten. Aber ich bezweifle, daß *Natur*geschichte dich interessiert, Ms. Biest. Hörst du zu? Du brauchst nicht zu antworten; ein winziges Klimpern genügt für Ja, Schweigen für Nein.«

Er lauschte und hörte nur, wie Blätter und Wasser von der vormorgendlichen Brise aufgerührt wurden. Der Zorn, der ihn vier Stunden vorher auf jenem Pfad heimgesucht hatte, kehrte zurück. Mit monotoner Stimme sagte er: »Ich glaube, ich werde meinen Freund Archie wissen lassen, daß jemand eine Riesenmenge öffentlicher Energie für eine private Verführung benutzt.«

Sein Handcom funktionierte wie gewöhnlich, während er die ersten Cook-Crot-Ziffern wählte, dann summte es kurz wie eine wütende Wespe, und die sanfte englische Stimme fragte rasch: »Was ist ein Puddock?«

»Ich habe das englische Wort vergessen, aber das französische ist *crapaud*«, sagte Wat und betrachtete eine Reihe von Nullen auf dem Display, wo normalerweise die Herkunft einer Botschaft angezeigt wurde. »Du klingst wie eine Frau, die gerade geweckt worden ist. Also belauschen mich wenigstens zwei von euch.«

»Du wirst«, sagte die Stimme leise gähnend, »von einem Sensorstrahl verfolgt, der mit einem Handcom verbunden ist. Er hat mich bei deinem ersten Wort wachgerüttelt.«

»Wann treffen wir uns?«

»Bevor du den Pfad verläßt. Bis dahin werde ich dich mit einem zweideutigen Gedicht unterhalten.

Die Zeit sich windet in den Wehen. Jede Stunde
Gebiert 'ne keuchende Wahrheit,
Doch Wahrheit neugeboren scheint oft mißgestaltet,
Des Haushalts Schrecken und seine Schande -
Ein Monstrum in der Mutter Schoß gekrümmt,
Das sie wollt' Hungers sterben lassen, doch es atmet,
Und gesäugt von hundert beinah nackten Brüsten,
Langsam es sich formt, taumelt hoch,
Glättet die Zacken seiner Drachenschuppen,
Wandelt zu glänzend' Locken sein Schlangenhaar
Und tritt als Engelsgestalt hervor,
Begrüßt von allen, die seine Geburt verfluchten.

Was hältst du davon?«

»Nicht viel. Die schale Bildlichkeit läßt ans neunzehnte

Jahrhundert denken. Stammt es von jemandem, der den Sozialismus ankündigte?«

»Es stammt von einem amerikanischen Richter, der den Faschismus ankündigte.«

»Ismen sind die langweiligsten Fetzen des historischen Müllhaufens. Weshalb kramst du sie hervor?«

»Weil wir kurz davor sind, die Zukunft zur Welt zu bringen, und weil ich eine Agentin des Schigaljowismus bin, der eine politische Renaissance vorbereitet. Aber da Sex vor Politik kommt, habe ich noch ein kleines Lied, das dich unterwegs aufmuntern soll, Schätzchen.«

Er hörte ein Dröhnen von Orchestermusik, und eine männliche schottische Stimme vom Beginn des zwanzigsten Jahrhunderts sang:

Geh bloß weiter zum Ende des Wegs,
Geh bloß weiter zum End!
Ist der Weg auch lang,
Doch dein Herz schlägt stramm,
Geh bloß weiter behend!
Bist zwar schlapp und müde,
Doch laß nicht nach,
Bis du kommst zu dem, was du hegst,
Wo alles Liebe, von dem du geträumt',
Wird sein dort - am Ende - des ...

»Du machst die Puddocks scheu!« brüllte Wat. Er versuchte vergeblich, sein Handcom abzuschalten und gleichzeitig schneller zu gehen. Vor sich sah er eine orangene Helligkeit tief unten zwischen den Bäumen. Die Stimme wurde heiser und verführerisch: »Du bist ein gemeiner, alter Daddy, aber du bist das Größte, Wat Honigschwanz, komm zu Momma, du schlüpfriger Zuckerschwengel, komm in mich rein, du riesiger böser Weltenbesieger, ich bin die leuchtende Fotze am Ende deines persönlichen Tunnels.«

Das orangene Licht ging von dem glänzenden Dach eines kleinen Zeltes aus, in dessen Innern der Schatten einer zurückgelehnten, ihn heranwinkenden Gestalt zu erkennen war. Er bückte sich und kroch durch eine Öffnung am Rande des Pfades hinein. Sie lag auf einem Haufen Kissen in der zur Vergewaltigung einladenden Stellung, die Jane Russel 1944 auf Befehl eines Millionärs eingenommen hatte, dem ein Teil von Hollywood gehörte. Sie stöhnte: »Guck mich nicht so an, du Stück Scheiße!«

Zwei Minuten später lag er nach dem schnellsten Fick seines Lebens keuchend neben ihr.

Sie fragte: »Kennst du mich jetzt?«

Er musterte sie. Unter der (nun verschmierten) Schminke ihrer archaischen sexuellen Maske sah er ein junges, sehr knabenhaftes Gesicht, das ihn wachsam betrachtete. Er schüttelte den Kopf. Sie seufzte. »Ich dachte, ich sei berühmt, aber du benutzt ja keine Öffentlichen Augen.«

Er war zu nahe, um ihren langen Körper, ihre schmale Taille und ihre großen Brüste erkennen zu können, aber er spürte sie und wurde von dem konzentrierten Blick der Frau (ein Auge war blau, das andere braun) aus der Fassung gebracht. Er wollte diesem Blick ausweichen, indem er sie von neuem küßte und umarmte, doch sie sagte: »Das reicht erstmal«, und setzte sich aufrecht hin. »Kurzer, tierischer Sex ist der einzige, für den Revolutionäre Zeit haben. Und wenn der heutige Staat verdorrt ist, wird niemand mehr Zeit für eine andere Art Sex haben. Was zu trinken.« Sie kreuzte die Beine auf den Kissen, zog einen Kasten darunter hervor und nahm eine Flasche Champagner und ein Glas heraus. »Verzichtest du immer noch auf Alkohol?«

»Ja.«

»Trink das hier.«

Sie reichte ihm eine Thermosflasche, die, wie sich herausstellte, brühheißen schwarzen Kaffee enthielt. Er goß eine Tasse voll in die Verschlußkappe und ließ den Kaffee abkühlen, wobei er sie aufmerksam beobachtete und sich den Kopf über das zerbrach, was sie zum Thema Sex gesagt hatte. War sie verrückt? Sie verblüffte ihn dadurch, wie leicht und rasch sie den Champagnerkorken durch die niedrige Zeltöffnung hinausschoß, wie sie einen sprudelnden Flüssigkeitsstrahl mit dem Glas auffing und einen Schluck davon nahm, bevor sie die Flasche zurück in den Kasten stellte und ein Zigarettenetui hervorholte. Nans häusliche Verrichtungen hatten die gleiche gewandte Gelassenheit, aber kein so beunruhigendes Tempo. Er spürte ein Trommeln in den Adern und eine Ausdehnung seiner Atemzüge: seine üblichen Reaktionen auf Gefahr. Erleichtert kam er zu dem Schluß, daß seine physischen Eigenschaften ihn genauso wachsam machten wie sie. Wat achtete darauf, seine Miene nicht zu verändern. Er entschied sich, wenig zu sagen und sorgfältig zuzuhören, doch sie saß ihn beobachtend da, lächelte ihn an und trank Champagner in so vollkommener Stille, daß er als erster sprach.

»Wie heißt du?«

»Puddock, wenn du mich magst, Delila, wenn du meinst, daß ich dir die Eier zerquetsche. Rauch eine von diesen Hawaii Gold. Dann kriegst du einen klaren Kopf und kannst die Vorgänge leichter begreifen.« Sie sprach aus dem linken Mundwinkel, während sie ein Feuerzeug an zwei schlanke braune Röhren im rechten hielt. Als er ablehnte, schleuderte sie ohne zu zögern eine durch die Zeltöffnung hinaus, machte einen tiefen Zug an der anderen, nippte dann an dem Glas und sagte mit einer Stimme, die von einem Akzent zum anderen glitt: »Achtung, Liebling! Dies ist die Lage. Viele beim Öffentliche Auge sind rasend gelangweilt, weil sie immer wieder die gleichen alten Kriegsspiele senden. Auch das Publikum ist gelangweilt - deshalb versuchen Häuptlinge wie dein Vater, größere Spannung zu erzeugen, indem sie immer mehr Leben verschwenden. Auch die Krieger sind gelangweilt. Ich werde dich nicht daran erinnern, wie du in den Armen eines jungen Mädchens darum gebetet hast, daß Häuser bombardiert und Frauen verstümmelt werden. Ich möchte etwas wiederholen, was ein General der alten Schule vor sechs Tagen sagte.«

Sie berührte ihr Handcom, und einen Moment später hörte Wat, wie Shafto erklärte: »Die Leute haben die alten Strategien satt. In einem oder drei Monaten sollten wir beide die Köpfe zusammenstecken und sehen, ob wir andere neue Strategien ausarbeiten können - innerhalb der Genfer Konvention natürlich.«

»Zur Hölle mit dem Globalen und Interplanetarischen Rat für Kriegsreglementierung in Genf!« sagte die Frau mit überraschender Schärfe. »Zehntausend Zivilisationsjahre lang steckte die Menschheit ihre kreativsten Ideen in die Kriegführung, brach jedes Jahrhundert alte Regeln und erfand neue und tötete immer größere Massen in einem Crescendo von Holocausts, das mit der enormen Ausdehnung der Menschheit Schritt hielt. Die Weltpolitiker nannten es natürlich *Fortschritt*, obwohl sie es gewöhnlich für klüger hielten, so zu tun, als sei der Krieg nur ein vorübergehender Teil davon. Die klügsten wußten, daß es ein wesentlicher Teil war. Warum schürzt du die Lippen? Hältst du mich für ein Ungeheuer?«

»Ich halte dich für einen Clown«, sagte Wat und zuckte die Achseln. »Jene zivilisierte Art des Lebens und Kämpfens hat den Planeten beinahe zugrunde gerichtet.«

»Ich stimme dir zu«, sagte sie und füllte ihr Glas von neuem, »daß man im zwanzigsten und einundzwanzigsten Jahrhundert Spiele veranstaltete, die fast alles Tierische außer den Kakerlaken vernichteten. Ja, ein friedliches Jahrhundert der Kämpfe nach Regeln war nötig, um die menschlichen Reserven wiederherzustellen. Das achtzehnte Jahrhundert war ein bißchen wie unseres. Europäische Herrscher hatten Angst vor den chaotischen Kriegen eines früheren Zeitalters, deshalb fochten ihre Heere nur an den Grenzen. Höfliche Leute reisten durch andere Nationen und besuchten einander zu Hause, ob ihre Regierungen im Krieg lagen oder nicht. Diese Europäer dachten, sie seien sicherer als die imperialen Römer, aber bum! 1789! Die Französische Revolution! Ein neues Zeitalter der Kriegführung begann, in dem sich konkurrierende Nationen bis in jeden Teil des Globus ausbreiteten. Die größte Nation von allen, die chinesische, versuchte, sich aus diesem irren Wettrennen herauszuhalten, deshalb wurde sie von den frechen kleinen Europäern und den Yanks zerrissen. *Unser* rationales Utopia wird ebenfalls bald auseinanderkrachen, und du, Wat Dryhope, bist der Pestvirus, der es destabilisieren wird. Prost, skal und slainte, du Weltficker. Bald will ich mehr von dir haben.«

»Du unflätige, blödsinnige Quasseltante!« rief Wat belustigt.

Sie lächelte hämisch und sagte: »Würdest du das Öffentliche Auge benutzen, so wüßtest du, das alles, was gestern in Ettrick geschah, nun auf der sonnigen Seite des Globus geschieht. Auf dem amerikanischen und dem asiatischen Kontinent strömen Gelehrte, Gurus, Gärtner und Künstler zu ihren Kriegerhäusern. Armeen verdoppeln und verdreifachen sich. Der große neue Kriegsheld der Welt, Wat Dryhope, kam erst spät im Leben zum Soldatenberuf. Warum sollte es nicht jeder andere Mann genauso machen? Dein Kaffee wird kalt.«

Wat dachte angestrengt nach, nahm einen Schluck und sagte: »Das ist kein Zeichen von Instabilität! Es beweist nur, wie weitverbreitet die männliche Langeweile ist. Die Befehlshaber werden das Problem lösen, indem sie sich mit Genf beratschlagen und neue Regeln für größere Kriegsspiele entwerfen. Viel mehr Männer werden sterben, natürlich, aber selbst wenn drei Viertel der männlichen Menschheit einander abschlachten, wird es den modernen Staat nicht vernichten. Der moderne Staat beruht auf Frauen, die sich um ihre Häuser kümmern.«

»Hast du vergessen, daß ich eine Frau bin? Ich bin außerdem eine Agentin der Schigaljowschen Revolution.«

»Du bist eine beredte, gebildete Lügnerin, Delila Puddock«, sagte Wat glucksend. »Erzähl mir vom Schigaljowismus.«

»Du bist ein Mann, den ich mit Vergnügen erniedrigen werde, Wat Dryhope«, sagte die Frau und zog verträumt an ihrer Zigarette, ohne ihn aus den Augen zu lassen. »Schigaljow war ein Russe, der die Freiheit liebte und ein Komplott gegen den Zaren schmiedete. Er wies mit Hilfe von Algebra nach, daß die Freiheit nur in einer Welt vollauf genossen werden kann, in der ein Zehntel der Menschen unbeschränkte Macht über die übrigen neun Zehntel erhält.«

»Der arme Kerl muß so sehr vom Zarentum besessen gewesen sein, daß ihm der russische Kommunismus als die einzige Alternative erschien«, meinte Wat und schraubte die leere Verschlußkappe wieder auf die Flasche. »Wird deine Verschwörung den Kommunismus zurückbringen?«

»O nein, der russische Kommunismus war öde und ineffektiv. Wir werden das System, das ihn überwältigte, neu erschaffen: *die auf Konkurrenz beruhende Ausbeutung der menschlichen Reserven.*«

»Sind menschliche Reserven Männer und Frauen?«

»Natürlich, aber wenn man Männer und Frauen ausbeutet, ist es besser, sie für eine passive Substanz wie Öl und Erde zu halten.«

»Du hast kein Wort gesagt, das einen praktischen Sinn hat«, gab Wat zurück, der plötzlich merkte, daß er nicht mehr wachsam war. Seine Gedanken und Worte schienen nun ebenfalls schwerfällig zu sein. »Du kannst nur Menschen ausbeuten ... die von dir abhängig sind, was wesentliche Dinge wie ... Lebensmittel oder Methoden zu ihrer Beschaffung betrifft ... Grundeigentümer und Kaufleute vollbrachten das gewöhnlich, indem sie den Produzenten die Lebensmittel abnahmen ... dann konnte man die Nahrung in so kleinen Mengen verteilen, daß ... daß arme Leute schwach wurden, um sich selbst in ihren Besitz zu bringen, besonders wenn man eine gutbezahlte Polizei beschäftigte ... Dann ... dann leckten die Produzenten den Herrschern die Stiefel und schn...schnitten einander die Kehle durch, weil sie hofften, genug zu kriegen, um ihre W... Wea... WEANS ÜBERLEBEN ZU LASSEN WARRUM NICKS UN KICHERS DU?«

Schwitzend und zitternd fiel er auf die Kissen zurück. Sie schleuderte Zigarette und Glas hinaus auf den Pfad (er hörte, wie es zerbrach) und kniete sich aufrecht über seine Schenkel.

»Du verstehst wirklich etwas von Volkswirtschaft«, sagte sie, legte die Hände unter ihre Brüste, hob sie und lächelte zwischen ihnen auf ihn hinunter.

»Das ist alles vorbei«, flüsterte er und spürte zu seinem Erschrecken, wie sein Penis anschwoll und ihr steif entgegenstrebte, während der Rest von ihm hilflos fröstelte.

Sie sagte: »Zeit für mehr, meine kleine Schschottische Reeeserve.«

Sie liebkoste ihre Brustwarzen langsam mit den Daumen und sang leise: *»Der muntre alte Tag nun nahet wieder; der Ruf geht durch das Land, in England teures Brot soll sein, in Irland Schwert und Brand; Armut und Ignoranz solln nützen dem, der reich und elegant, hin also zu den Herrschern mit der sanften Eisenhand der guten alten Tory-Tage; ein Hoch der kommend Zeit!* Sporen auf Tellern! Kanonen vor Butter! Wenn du meinen Schampus und mein Pot mit mir geteilt hättest, würde dir die Sache jetzt Spaß machen, aber der verpanschte Kaffee wird *mir* den Genussss nicht verderben, Ssssamson.«

Sie packte sein Haar mit beiden Händen, ließ sich auf ihm nieder und wisperte: *»George Orwell sagte, die Zukunft der Menschen werde ein Stiefel sein, der dauernd auf ein Gesicht tritt. Er irrte sich. Die Zukunft werde ich sein, die dir dauernd das Gehirn rausfickt.«*

Wat schloß störrisch die Augen. Sie öffnete seine Lider mit den Daumen. Er verdrängte willentlich alle Gedanken und verlor das Bewußtsein nach einigen hilflosen, schändlichen Intervallen des Schmerzes und der Lust

und erwachte immer noch hilflos und fröstelnd, doch auf den Beinen. Er stand aufrecht, weil sein Arm über der Schulter einer kräftigen Gestalt lag, die auch seine Hüfte umklammerte.

In der Nähe war ein großes braunes Tier. Einige blasse Tupfer vor ihm waren wahrscheinlich Gesichter. »Vorsichtig, Oberst Dryhope! Nur mit der Ruhe, Sir«, sagte Jennys Stimme.

Er befand sich an einem kalten, grauen Morgen am Strand von Saint Mary's Loch und hatte heftige Schmerzen im Kopf und in den Hoden und Muskeln. Jenny stützte ihn. In der Nähe stand Bucephalus, das Pferd seines Vaters, auf dem Pfad unter den Bäumen und schnupperte zwischen Kieseln an Glassplittern und an einer zerdrückten Zigarette. Frauen aus Bowerhope waren vor ihm. Miu legte die Hand zart auf seine Schulter und sagte traurig: »Oh, Wattie mein Kleiner, du siehst schrecklich krank aus.«

»Wieso ist dein Zeug so durcheinander?« fragte Miau neben ihr, und Wat bemerkte, daß sich seine Kleidung schmutzig anfühlte und ihm nicht zu passen schien. Er begriff, daß Delila Puddock ihn angezogen haben mußte, während er bewußtlos dalag und bevor sie das Zelt entfernte. Dies löste zwei Gefühle aus, von denen er wußte, daß sie irrsinnig waren: eine so rührselige Dankbarkeit, daß sie ihm Tränen in die Augen trieb; einen so hartnäkkigen sadistischen Wunsch, sie zu bestrafen, daß seine Hoden noch heftiger schmerzten. Er stöhnte und sagte: »Ich bin krank, ja, aber fragt nicht, was passiert ist. Ich brauche Kittock.«

»Im Kriegerhaus liegen viele Botschaften für Sie vor, Oberst.«

»Schick sie nach Dryhope, aber hilf mir zuerst auf dieses verfluchte Riesenpferd.«

5
DIE HÜHNERFRAU

Wat stieg auf dem Dryhope-Gemeindeplatz aus dem Sattel, brachte Bucephalus in den Stall und ging hindurch zum Garten, ohne einer Menschenseele zu begegnen. Er war dankbar, aber verwirrt; dann begriff er, daß Bowerhope die Dryhope-Mutter vor seinem schmutzigen und unordentlichen Äußeren gewarnt haben mußte. Folglich hatte sie bestimmt eine Party oder einen Ausflug organisiert, damit die Kinder anderswo waren und ihn nicht sehen konnten. Außerdem hatte sie die Wände des Hauses bis auf eine Reihe klarer Luken unter dem Gesims undurchsichtig gemacht.

Als er sich der Veranda näherte, wartete sie dort bereits auf ihn und fragte streng: »Was ist dir zugestoßen? Hast du dich im Wald rumgetrieben? Ist dies das Ergebnis einer al-fresco-Fickerei?«

»Ja, aber nicht so, wie du denkst. Wo sind die Bairns?«

»Weg, um zuzugucken, wie der Zirkus auf den Hügeln um Selkirk aufgebaut wird. Die Tanten und ein paar Omas sind mit ihnen gegangen.«

Er blieb auf dem Pfad unter ihr stehen und sagte: »Ich komme nicht näher, bis mich Krankenschwestern untersucht haben. Vielleicht bin ich mit irgendwas angesteckt worden.«

»So? Sie warten schon auf dich.«

Wat folgte der Biegung des Pfades und ging auf die Tür des Krankenzimmers zu. Sie war angelehnt. Er stieg zur Veranda hinauf und trat ein.

Zwei Nichten, eine Schwester und eine Cousine entkleideten ihn rasch und waren entsetzt über den Anblick seines Körpers. Sie sagten: »Keine in Ettrick macht solche Sachen bei der Liebe!« und: »Hast du mit 'nem schwulen Kerl Soldat gespielt, Wat?«

»Nein.«

»War es ein Gangrel-Mädchen?«

»Nein.«

»War es eine Zirkusfrau?«

»Mag sein. Sie behauptete, berühmt zu sein, aber ich kannte sie nicht. Beeilt euch.«

Eine säuberte seinen Körper und strich Salben auf die Wunden. Die anderen nahmen Proben von seiner Atemluft, seinem Blut, seiner Lymphe, seinem Urin und (die Strapaze hätte ihn fast aufschreien lassen) seinem Samen. Sie analysierten die Proben und tippten die Ergebnisse ins Informationsnetz ein, während er von Händen, die alle Bisse und Quetschungen geschickt mieden, rasiert und massiert wurde. Eine der Frauen sagte: »Dein Bruder Joe ist jetzt viel fröhlicher. Annie Craig Douglas hat ihn gestern abend besucht. Sie ist immer noch bei ihm.«

»Gut.«

»Ihre Mutter - Nan, die kennst du doch? - soll sie geschickt haben, aber ich glaube, daß Annie dich gern sehen würde.«

»Ich will niemanden sehen, bis ich mit Kittock gesprochen habe.«

»Du kannst zu ihr gehen, sobald du angezogen bist und deine Medikamente genommen hast«, meinte eine andere und reichte ihm einen Diagnose-Ausdruck.

Er besagte, Wat Dryhopes vorzüglicher Gesundheitszustand sei durch eine wenigstens neuntägige intensive Belastung der Muskeln und Nerven untergraben worden, außerdem durch eine Opiatüberdosis aus einer Mischung von chloroformiertem Wasser mit Koffeinzusätzen plus Heroin und Alkohol plus Kokain plus L-Dopa-Aphrodisiakum sowie durch eine geläufige und harmlose Racheninfektion, von der nur geschwächte Menschen heimgesucht würden. Für die Erschöpfung wurden zwei Wochen mit gemäßigter Aktivität, Saunagängen und Massagen verschrieben; für die Narkosemittelvergiftung Naloxon und die völlige Vermeidung sämtlicher Stimulanzien, also auch Koffeins; für die Racheninfektion ein Sirup aus Meerzwiebelextrakt und Capsikumtinktur, ein Löffel voll nach den Mahlzeiten. Eine Krankenschwester machte sich auf, diese Arzneien bei der Kraftpflanze zu bestellen. Wat las sich die Diagnose mit zweifelnder Miene noch einmal durch.

»Vor ein paar Stunden hatte ich das schlimmste Fieber meines Lebens«, sagte er stirnrunzelnd. »Mein Herz hämmerte, und ich war in Schweiß gebadet, aber ich kann mich nicht erinnern, gehustet zu haben. Seid ihr *sicher*, daß es nur eine Racheninfektion ist?«

»Nein, Wat, wir wissen zu wenig, aber das Informationsnetz ist sicher. Es hat Verzeichnisse von allen Viren, die eine natürliche Mutation durchgemacht haben, und auch von denen, die in den schlechten alten Tagen von mörderischen Regierungen und Industrieunternehmen entwickelt wurden. Es kennt sämtliche Viren, die sich auf den Satelliten und Planeten herausgebildet haben, und sämtliche Virenmutationen, die sich in den letzten drei Wochen abgespielt haben oder in den nächsten zehn Tagen stattfinden könnten. Es ist *sicher*, Wattie. Dein Fieber war die gesunde Reaktion eines nüchternen Körpers auf schlimme Drogen in deinem Kaffee. Ich hoffe, du hast es dem Biest heimgezahlt.«

»Hier ist ein Billetdoux von ihr!« rief eine seiner Nichten triumphierend. Sie war mit sauberer Kleidung aus Wats Zimmer zurückgekehrt und schwenkte eine regenbogenfarbene Eintrittskarte über dem Kopf. »Ich habe das und ein Buch über die Erschütterung der Welt beim Ausleeren seiner schmutzigen Taschen gefunden. Es ist für den Zirkus heute abend, und auf der Rückseite steht …«

»Her damit!« brüllte Wat so wütend, daß sie ihm die Zunge herausstreckte, ihm die Kleidungsstücke auf den Schoß warf und die Karte obenauf fallen ließ. Er nahm die Karte und las sie, wobei die anderen Krankenschwestern über und um seine Schultern spähten.

Cher Darling!

Nie werde ich den rasendmachenden Reiz deiner Liebkosungen vergessen. Flammend gekleidet werde ich heute abend nach der großen Show wieder Deine Sklavin sein.

D.P.

Jemand fragte, was die Initialen bedeuteten, und Wat sagte, niemand würde ihm glauben, wenn er es erklärte. Er sprach geistesabwesend, denn der Text der Karte erfüllte ihn mit einem mörderischen Verlangen nach Delila Puddock. Jemand fragte, ob sie eine Zirkuskünstlerin, eine Handlangerin oder Marketenderin sei. Er rief: »Ich hab' euch doch gesagt, daß ich überhaupt nichts über sie weiß! Ich weiß nur, daß ich sie bald …«

Ihre entgeisterten Mienen ließen ihn verstummen. Er sah, wie seine Hände nach der Luft vor ihm griffen, als wollten sie jemanden erwürgen.

»Mädchen«, sagte er wehleidig, »ich habe Hunger. Mein Magen denkt, daß mir einer die Kehle durchgeschnitten hat.«

Sie brachten ihm Pausudie, Drummock, Kebbuck und Farle. Er aß und zog sich an.

Kittock hatte keine modernen Kommunikationsgeräte, deshalb ging er durch den Garten zu dem alten Turm in der Nähe des Ententeiches. Der Rauch von ihrem Herd schlängelte sich durch Sträucher auf der zerbrochenen Turmspitze. Sie war nicht auf der Gänsewiese oder in den Hühnergehegen, und die Turmtür war wie immer (dachte er mit einem Lächeln) abgeschlossen. Vielleicht hatte sie einen Gangrel zu sich eingeladen. Er schrieb auf einen Fetzen Papier: »Wat ist daheim, Mutter, und braucht dich dringend«, schob ihn unter die Tür, kehrte zum Haus zurück

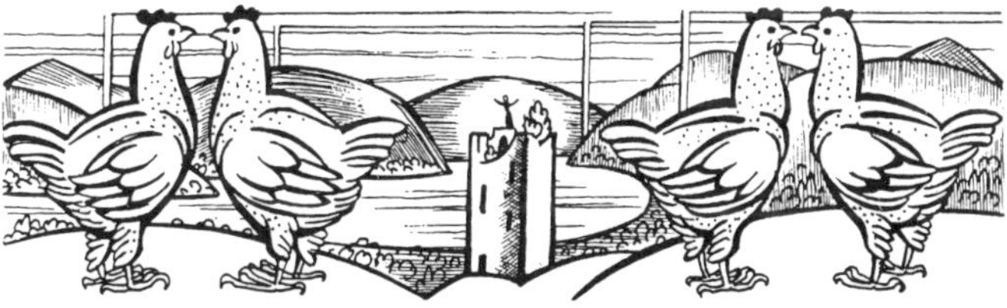

und bemerkte beim Betreten seines Zimmers plötzlich, daß es zu klein für einen erwachsenen Mann war. Als er von den Sternen heimgekehrt war und entdeckte, daß die Frauen mit seiner Heimkehr gerechnet und es für ihn freigehalten hatten, war er dankbar genug gewesen, auf ein ihm angebotenes größeres Zimmer zu verzichten. Die einzige Änderung seit seinen Kleinkindertagen bestand darin, daß das Bett nun die Hälfte des Fußbodens bedeckte und daß ein neues Telecom mit Kommandeursverbindungen vorhanden war - die Mutter mußte es bestellt und installiert haben, sobald sie von seiner Veroberstung gehört hatte. Der Schirm zeigte die Namen von vielen Personen, die mit ihm sprechen wollten, aber der von Delila Puddock war nicht darunter. Ein dickes Bündel aus rosa, blau und violett bedruckten Blättern war von dem Gerät ausgespuckt worden. Er war nicht in der Lage, sich ihnen zu widmen, deshalb machte er die Außenwand transparent und wurde ein wenig von dem vertrauten Bild getröstet: ein Garten mit einem Turm, wo der weiseste Mensch wohnte, den er kannte, der See und die Hügel jenseits des Turmes unter einem bewölkten Aprilhimmel, der sich aufhellte und einen schönen Nachmittag versprach. Mit einem Hüsteln ließ das Telecom eine regenbogenfarbene Nachricht auf den Stapel rutschen. Der Druck fiel so sehr ins Auge, daß Wat ihn nicht ignorieren konnte.

PROFESSOR KÖTERICH Z. CELLINI
Virtuoso Assoluto des
KOSMOPOLITISCHEN WOLKENZIRKUSSES
gibt sich die Ehre
OBERST WAT DRYHOPE
Kommandeur der Ettrick-Krieger
und Hauptinitiator der Neuen Ära
von Militärmacht und Poesie als
EHRENGAST
eines großen Frühstücksbanketts für
KÜNSTLER, HELDEN, KOMMANDEURE
einzuladen.
Dargeboten wird die ganztägige,
einmalig aufgeführte
Wolkenzirkusproduktion

HOMMAGE AN ETTRICK
eine Evolutionsoper in vier Akten
zur Hymnisierung schöpferischen Haders
vom Großen Knall bis zur Schlacht
um die Ettrick-Standarte!
ORIGINALTEXTE VON
Homer, Vergil, Ovid, Dante, Milton,
Goethe, Tolstoi, T. S. Eliot,
MacDiarmid, Hamish Henderson
et cetera;
ORIGINALMUSIK VON
Carver, Haydn, Beethoven, Berlioz,
Wagner, Verdi, Strawinski,
Hamish MacCunn
et cetera;
ORIGINAL WOLKENEFFEKTE VON
Rubens, Tiepolo, Delacroix, Turner,
Shanks …

Wat suchte den Text ungeduldig nach dem Namen einer noch lebenden Frau ab und stellte fest, daß Alauda Magna Chorsynthetisiererin, Cathleen na Houlihaun Wolkenchoreographin war und daß Lulu Dancy die Luftspiegelungen entworfen hatte. Eine Gästeliste von über dreihundert Kommandeuren und berühmten Kämpfern aus aller Welt schloß sich an. Die Gier nach Delila Puddock, die Ehre seines Clans und persönliche Eitelkeit drängten ihn nun kräftig zum Zirkus hin, und er wußte instinktiv, daß es ein Fehler sein würde, ihn aufzusuchen. Begrüßungseskorten, lauter Jubel, Händeschütteln mit anderen Berühmtheiten würden ihn unweigerlich zu einem posierenden, affektiert grinsenden Ornament machen – zu etwas, das andere zu ihrem eigenen Vorteil ausnutzten. Um herauszufinden, weshalb man ihn als *Hauptinitiator der*

Neuen Ära bezeichnet hatte, schaltete er sein Telecom auf das Öffentliche Auge um.

Mehrere Hausfrauen - eine von ihnen weinte - sagten, die Mobilisierungsepidemie, die die meisten Männer der Welt infiziert habe, sei eine verrückte und gefährliche Mode. Man zeigte eine genauso große Zahl von jungen Frauen, die Stolz darüber ausdrückten, daß ihre Brüder und Geliebten dem Tod zum Ruhm ihres Clans ins Auge sehen würden.

»Wie die Scharen der Männer, die zu ihren örtlichen Kriegerhäusern strömen, reagieren die meisten Mitarbeiter des Öffentlichen Auges euphorisch«, sagte ein Sprecher des Öffentliche Auges euphorisch. »Überall prophezeien Befehlshaber ein neues Zeitalter mit schwierigeren Kriegsspielen, die in einem Rahmen von fast historischen Dimensionen abgehalten werden sollen. Sie bestehen jedoch darauf, daß es keinen Grund zur Unruhe gibt. Man werde nicht gegen die Genfer Konventionen verstoßen, obwohl die Kriegsspielregeln vielleicht neu formuliert werden müßten.«

Wat war beunruhigt darüber, daß so viele Leute sagten, es gebe keinen Grund zur Unruhe. Er betrachtete Wolfgang Hochgeist vor einem Weltglobus, der die Verbreitung der Epidemie von ihrem Ursprung in Ettrick zeigte. Die am wenigsten infizierten Gebiete waren Tibet, Irland, die Schweiz, Skandinavien und Italien. Die meisten der am schlimmsten infizierten Bereiche hatten militärische Traditionen. In den japanisch-, deutsch- und französischsprachigen Ländern hatten sich die Armeen verdreifacht, auf den Britischen Inseln und in Nordamerika mehr als vervierfacht. Die große Überraschung war Kanada, wo die Zahl der Kämpfer auf das Sechsfache angestiegen war. Hochgeist äußerte die kühne Vermutung, daß Japaner,

Deutsche und Franzosen durch historische Katastrophenerinnerungen hier und dort gegen den Militarismus immunisiert worden seien; Britannien und die früheren USA seien infolge ihrer einstigen Siege anfälliger; Kanada sei am schlimmsten infiziert, weil es als historische Nation eine weniger gefestigte Identität besitze und dies nun zu kompensieren suche.

»Die Hartnäckigkeit und die Entwicklung nationaler militärischer Standpunkte durch Generationen hindurch, für die die Nationalität keine Rolle spielte, ist interessant, aber nicht beunruhigend«, sagte Hochgeist. »Da die Soldaten nicht kämpfen werden, um ihre Heimat zu bereichern, wird die zukünftige Kriegführung unpolitisch bleiben.«

Wat schaltete auf einen anderen Sender um und stieß auf eine freundschaftliche Diskussion zwischen Hinchinbrook, dem Befehlshaber der Ostanglischen Allianz, und Winesburg, dem populärsten Kämpfer Nordamerikas seit Stormin' Norman.

Der aufgeweckte und jungenhafte Engländer gab sich offenkundig alle Mühe, den berühmten Veteranen zu beeindrucken.

»Die primitiven Armeen von gestern - und ich meine *genau* das Gestern vor vierundzwanzig Stunden - waren einzelne Regimenter. Dieser wunderbare neue Zuwachs bedeutet, daß jeder General seine Streitmacht in drei, vier, fünf neue Regimenter teilen muß. Also werden wir eine ganz neue Befehlshierarchie benötigen.«

»Oder eine *alte* Befehlshierarchie?« sagte Winesburg lächelnd.

»Natürlich! Wie klug von Ihnen, das zu bemerken. Ja, wir werden den höchst unbeliebten Hauptfeldwebel zurückbringen müssen.«

»Und Befehlshaber werden ein weniger riskantes Leben

führen, wenn ein schlachterprobter alter Veteran sich den Kommentar gestatten darf.«

»Ganz richtig! Mehr Gehirnarbeit, weniger Hieb und Stich.«

»Was halten Sie nun von dem Globalen und Interplanetarischen Referendum, das Genf anberaumt hat, General Hinchinbrook?«

»Was halten *Sie* davon, General Winesburg?«

»Überholt?«

»Völlig überholt. Ich habe nichts dagegen, die Boys' Brigades in Reserve zu halten, denn da wir jetzt mit Tausenden anderer Leben spielen können, brauchen wir sie nicht. Aber es ist absurd, Schlachten des Ausmaßes, mit dem wir nun rechnen, auf zwei Tage zu beschränken. Warum nicht auf zwei Wochen? In einer solchen Zeitspanne ließe sich gut manövrieren. Und dieses Gerede über *Standarten* scheint mir auch veraltet zu sein. Was die Armeen der Welt nun benötigen - und was unsere Familien verdienen, die uns von zu Hause zuschauen -, ist ein beflügelnderes Kampfobjekt. Letzte Woche nannte ein großer schottischer Soldat seine Standarte *eine Stange mit einem Blechhuhn obendrauf*. Ich muß zugeben, ich war schockiert. Aber jetzt sehe ich ein, daß er auf dem richtigen Weg war.«

»Schwebt ihnen ein anderes Kampfobjekt vor?«

»Nein. Nicht im geringsten. Aber in sechs Monaten - in höchstens sechs Monaten - werden wir ganz neue Kompanien befehligen, die auf die Schlacht brennen. Ich bin sicher, daß uns bis dahin etwas Besseres eingefallen ist.«

»Könnten Sie vielleicht kurz darauf eingehen, wie große neue Armeen ganze zwei Wochen lang auf Gemeindeland hin- und herbewegt werden sollten?« fragte ein Direktor des Öffentlichen Auges. »Wird das nicht katastrophal für die Wanderung von Gangrels sein? Natürlich nicht für alle von ihnen und an jedem Ort, aber ab und zu für viele von ihnen?«

»Ein bißchen katastrophal, kein Zweifel«, sagte Hinchinbrook mit einem heiteren Lächeln. »Aber von uns gibt es viele und von denen wenige. Ich bin sicher, daß sie sich anpassen werden. Außerdem stinken sie. Es gibt keinen Grund zur Unruhe, solange unsere Häuser nicht gefährdet sind.«

Wat knipste den Schirm aus und dachte düster über die Tatsache nach, daß jeder General der Welt bald eine neue Armee von Anfängern - zumeist größer als seine eigene, da andere Gegenden stärker bevölkert waren - befehligen würde. Er hatte einen weiteren Anfall der Sehnsucht nach Delila Puddock. Am liebsten hätte er sie gefesselt und gefoltert, bis sie ihm verriet, was genau sie beabsichtigte; zudem war er von sich selbst angewidert, weil er begriff, daß sie diese Reaktion vorhergesehen haben mußte. Er schleuderte seine Schuhe weg, legte sich aufs Bett und versuchte, sie nicht mehr zu begehren, indem er an andere Frauen dachte, die er leidenschaftlich begehrt hatte. Die einzige Ähnlichkeit zwischen Delila und ihnen bestand darin, daß keine *ihn* leidenschaftlich begehrt hatte.

Er war hinter der Hühnerfrau hergestakst, sobald er zu gehen gelernt hatte, denn sie war klein, kühl und ganz anders als die behaglichen großbusigen und die dünnen energischen Omas. Sie besuchte das Haus nur zur Morgenandacht und bestellte immer zwei Säcke Getreide und ein Buch. Sie hatte eine Tasche für das Buch, aber er bestand darauf, es zu tragen, und trabte neben ihr her, wenn sie den Garten zum Geflügelhof mit einem Sack unter jedem Arm durchquerte. Nachdem sie die Gänse, Hühner und Küken gefüttert hatte, nahm sie ihm das Buch mit festem Griff ab, betrat den alten Turm und schloß Wat aus. Keine andere Oma hatte eine Tür, die von innen versperrt werden konnte. Es war die einzige Holztür in Dryhope, und er haßte sie, trat sie mit Füßen, schrie auf sie ein, hämmerte mit Fäusten darauf herum, bewarf sie mit Steinen und rannte manchmal mit dem Kopf gegen sie an, bis die Dryhope-Mutter kam und ihn nach Hause trug. Scheinbar nach Jahren, aber vermutlich nach weniger als einem Monat öffnete sich die obere Hälfte der Tür nach innen. Kittock lehnte sich mit verschränkten Armen auf die untere Hälfte, betrachtete ihn voller Interesse und fragte: »Machst du so weiter, bis ich dich reinlasse?«

»Ja.«

»Selbst wenn ich dich nie reinlasse?«

»Ja.«

»Wenn du dich an mich klammerst, wirst du ein einsames Leben haben, Wattie. Ich mag keine Weans.«

»Ist mir egal.«

»Oh, wenn du begreifst, daß Fröhlichkeit nicht der Hauptzweck des Menschenlebens ist, dann komm rein.«

Die Turmmauer war so dick, daß der Eingang wie ein Tunnel wirkte. Er führte zum Wohnzimmer, einem höhlenartigen Gewölbe mit einem Bohlenbelag, einem großen Herd mit flacher Platte, mehreren Stühlen und einem Tisch. Der Herd war ein Aga. Darüber stand ein gigantisches Bett, dessen Pfosten zwei Meter zehn hoch waren und eine Seitenlänge von zwanzig Zentimetern hatten. Man konnte über eine Leiter hinaufklettern, und eine niedrige Planke verhinderte, daß man herausrollte. Vom Boden zur Decke waren die Wände hinter Regalen versteckt; darauf drängten sich Bücher jeder Größe, einige in gutem Zustand, aber die meisten erweckten den Anschein, als seien sie häufig von Menschen mit schmutzigen Händen gelesen worden. Kittock führte Wat durch das Zimmer, eine muffige Wendeltreppe hinauf in ein Gewölbe, das die gleiche Form hatte wie der Raum darunter. Dort wimmelte es von gurrenden Vögeln, und es hatte einen dicken Teppich aus Federn und Vogelscheiße.

»Der Taubenschlag«, sagte sie und führte ihn noch höher. Sie gelangten zwischen zerfallenen Mauern hindurch an eine offene Fläche, auf der Brombeersträucher, Birken und eine Korbweide sprossen. Wat, der auf den sonnenbeleuchteten See hinausblickte, war noch nie so hoch geklommen. Er hatte das Gefühl, mit den Hügeln auf einer Höhe zu sein. Nach einer Weile sagte Kittock: »Ich bin eine Hühnerfrau, weil ich zu egoistisch bin, um eine Hausfrau zu sein, und zu verängstigt, um ein Gangrel zu sein. Wir alle sollten Gangrels sein. Soll ich dich zu einem machen, Wattie? Ich kenne ihre Sitten.«

»Nein.«

»Ihr Leben ist kurz, aber niemals driech, weil sie mehr sehen als seßhafte Leute - sie können sich nur ernähren und sich warmhalten, indem sie mehr sehen. Zu ihren alten Fertigkeiten des Singens und Geschichtenerzählens haben sie nun das Lesen hinzugenommen. Einige sind immer noch Christen - das gibt ihren Flüchen Würze. Die meisten sind heftig monogam und oft untreu. Sie brauchen keine Kraftpflanzen und Telecoms, weil die Welt ihr Haus ist. Würde es dir nicht gefallen, wenn die Welt dein Haus wäre, Wattie?«

»Sie ist zu groß, Kittock.«

»Die Gangrels sind anderer Meinung. Versprichst du, daß du nie versuchen wirst, mich von dem abzuhalten, was mir Spaß macht?«

»Ja.«

»Versprichst du, mir nicht mehr als zwei Fragen pro Tag zu stellen?«

»Ja.«

»Versprichst du, weiterhin im Garten mit deinen Neffen und Nichten zu spielen?«

»Ja.«

»Dann bleib eine Weile, und ich werd' dir das Lesen beibringen.«

Sie hatte ihm das Lesen sehr schnell beigebracht, dachte er, denn ihm fiel ein, wie entsetzt er gewesen war, als die Lektionen aufhörten.

Sie hatte versprochen, ihn die ganze Nacht zu knuddeln, sobald er fähig war, ihr eine Geschichte von Rudyard Kipling laut von Anfang bis Ende vorzulesen. Im Bett drehte sie ihm immer den Rücken zu, was er so sehr haßte, daß er sich größte Mühe gab und die Geschichte ohne Fehler laut vorlas.

»Gut«, sagte sie munter. »Meine Lehrerinnentage sind vorbei. Nun kannst du allein weiterlernen.«

»Aber du wirst mich die ganze Nacht knuddeln?«

»Ja, zum ersten- und letztenmal. Du solltest Mädchen deines eigenen Alters knuddeln.«

Da es das erste und letzte Mal war, konnte er sich nicht richtig darüber freuen, in jener Nacht von ihr geknuddelt zu werden. Er sagte es ihr.

»Gut!« erwiderte sie freundlich. »Keiner von uns beiden wird als Püppchen benutzt.«

»Bist du meine Mutter, Kittock?«

»Kann sein. Ich hatte einen Wheen Bairns, bevor mir

die Hausarbeit zuviel wurde. Es fiel mir leicht, Kinder zu kriegen, aber ich stillte sie nie länger als eine Woche, weil ich kleine gedankenlose Tierchen nicht mochte. Zum Glück gibt es eine Menge Frauen, die anders empfinden. Leute, die nicht sprechen können, langweilen mich. Ich ging zu den Sternen, um mir eine gescheitere Gruppe von Sprechern anzuhören.«

»Warum bist du zurückgekommen?«

»Die Sprecher dort oben sind alle Spezialisten.«

»Ich hoffe, du bist meine Mutter, Kittock.«

»Es spielt keine Rolle, *wer* deine Mammi und dein Daddy sind, du bist der Sohn der Welt, mein Junge, geboren ins Haus der Welt, und wenn es zu groß für dich ist, kannst du es verlassen und in einen Satelliten oder in einen überdachten Krater auf einer toten Welt kriechen. Frag die Omas, wer deine Mami ist. Sie haben dir von deinem Daddy erzählt, weil sich Jungen mit einem männlichen Vorbild sicherer fühlen sollen, genau wie sich Mädchen angeblich mit einer Mutter sicherer fühlen. Das stimmt vielleicht, aber es ist gleichermaßen Götzenanbetung oder Püppchenknuddelei. Das einzige Vorbild, dem wir folgen sollten, wächst in uns selbst heran. Um es zu finden, müssen wir nach innen, nicht nach außen blicken.«

»Ich weiß nicht, was du meinst, Kittock.«

»Dann denk nicht mehr daran.«

Er hatte die Omas nie gefragt, wer seine Mutter sei – für den Fall, daß es vielleicht doch nicht Kittock war.

Auf Kittocks Regalen standen alle möglichen Bücher, viele mit Bildern. Er fand eines mit winzigen Stichen von zahlreichen nackten Frauen und einigen Männern, die gelockte Perücken, Kniebundhosen, bestickte Morgenmäntel und Schnallenschuhe trugen. Die Männer schienen einen riesigen Palast zu besitzen, in denen sie Frauen als Möbel und

Dekorationen benutzten. Der Text bestand aus Wörtern, die er nicht lesen konnte.

»Was bedeutet *plee-sir dam-uhr*, Kittock?«

»Freude der Liebe, auf französisch.«

»Wirst du mir Französisch beibringen?«

»Nein. Lerne es mit Hilfe eines Telecoms im großen Haus. Stell Kontakt zu einem französischen Jungen her, der Englisch lernen möchte. Zeig ihm das Buch und bitte ihn, den Text zu erklären.«

»Ich wünschte, du hättest ein Telecom.«

»Ich möchte keine andere Sprache lernen.«

»Du könntest dir Filme ansehen.«

»Dann würde ich meinen Geist verschwenden.«

Wat wollte fragen, warum, aber es wäre seine dritte Frage an jenem Tag gewesen. Statt dessen musterte er sie erwartungsvoll. Sie seufzte und sagte: »Wenn sich viele Leute etwas auf einem Schirm angucken, sehen sie alle das gleiche. Was für eine abscheuliche Verschwendung des Geistes! Leser können Bücher zum Leben erwecken, indem sie die Geschichten mit Stimmen, Gesichtern, Landschaften und Ideen füllen, von denen der Autor nie geträumt hat - mit Dingen aus ihrem *eigenen* Geist. Jeder Leser tut es auf unterschiedliche Art.«

»Als du und ich *Die Katze, die allein ging* lasen, waren es also verschiedene Geschichten für uns?« meinte Wat, dem der Gedanke mißfiel.

»Genau!« sagte Kittock voller Genugtuung.

»Ist einem Mann ein vernünftiges Wort gestattet?« fragte ein dicker, vollbärtiger Gangrel, der auf einem Stuhl am Aga saß, wo er ein Buch studiert hatte. »Du unterschätzt den Verkehr zwischen *Menschen*, liebste Kittock. Ja, nach hegelianischen Begriffen ist jedes Buch eine These, zu der jeder einzelne Leser - wie begeistert er auch sein mag! - eine völlig private Antithese liefert. Das würde uns eine babylonische Verwirrung bescheren oder uns zu einem Schwarm solipsistischer Monaden machen, wenn wir durch unsere natürliche Redseligkeit nicht chorartig sinfonisch wären. Wir vermischen unsere privaten und unterschiedlichen Reaktionen auf das, was uns erfreut oder erbittert, und bringen dadurch eine Vielfalt neuer Synthesen hervor. Ehre sei Gott in der Höhe, du bist eine prächtige Frau, Kitty. Erlaube mir, einen Tropfen echten Stoff in dein Glas zu gießen.«

»Achte nicht auf ihn, Wat«, sagte Kittock wohlwollend. »Seine Worte sind nie vernünftig, außer vielleicht hin und wieder am Ende.«

Gangrels besuchten den Turm, um Bücher zurückzubringen oder auszuleihen; gewöhnlich hatten sie einen Hasen oder einen Lachs für die Speisekammer bei sich, manchmal eine Ladung Torf oder Holzscheite für den Aga. Wat haßte sie, weil er Kittock für sich allein haben wollte. Am meisten haßte er den dicken Mann, denn dieser war früh eingetroffen, schien sich völlig zu Hause zu fühlen und ließ durch nichts erkennen, daß er bald gehen würde. Kittock hatte zwei Gläser hervorgeholt, die der dicke Mann immer wieder aus einer unetikettierten Flasche mit einer klaren Flüssigkeit füllte. Einmal fragte er Kittock: »Sollte man deinem ernsten jungen Gatten hier auch einen Tropfen echten Stoff anbieten?«

»Ja, aber er wird ablehnen. Er haßt dich.«

Der Mann fragte Wat höflich: »Sagt sie die Wahrheit?«

»Ja.«

»Schade, trotzdem auf deine Gesundheit.«

Später erschien noch ein Gangrel, der genauso schlimm war: ein kleiner dünner mit einer tiefzerfurchten Stirn, einem buschigen Schnurrbart, der seinen Mund verbarg, einem Sack, aus dem er noch eine Flasche echten Stoff, ein Exemplar von *Catch 22*, Kaninchen, Vögel, Kartoffeln, Zwiebeln und eine Steckrübe hervorzog. Er erwähnte, daß alle Bestandteile einen guten Wildeintopf ergeben würden, und Kittock begann, die Mahlzeit zuzubereiten. Die Männer tauschten Tabaksbeutel aus, stopften ihre Pfeifen, füllten sich die Gläser von neuem und diskutierten, ob zehntausend Jahre Zivilisation wegen ihrer Habgier und Grausamkeit finsteres Mittelalter genannt werden sollten oder nur Mittelalter, weil in ihnen auch einige herrliche Dinge vollbracht worden seien. Die Diskussion zog sich durch den Nachmittag, durch eine Mahlzeit aus Wildeintopf und durch den Abend bis lange nach Einbruch der Dunkelheit hin. Dabei hörte Wat, wie die Gangrels viele Personen im Brustton der Überzeugung zitierten, als wären sie vor kurzem Sokrates, Perikles, Voltaire, Friedrich dem Großen, Puschkin, Zar Nikolaus, James Kelman und Margaret Thatcher in fernen Städten begegnet. In Dryhope House sah Wat manchmal Filme von Menschen, die in Städten wohnten, deshalb wußte er nicht, daß die Städte verschwunden waren. Und währenddessen hörte Kittock den Männern aufmerksam und mit stiller Belustigung zu, was Wat erzürnte, weil *er* sie nicht so belustigen konnte.

Ohne irgend jemandem gute Nacht zu sagen, kletterte er schließlich die Leiter zum Bett hinauf und schlief – trotz der lauten Stimmen unten im Zimmer – in seiner Kleidung ein.

Dann wurde er von Kittock wachgerüttelt. Sie sagte: »Heim zu deinen Tantchen, Wat! Heim zu deinen Tantchen!«

Ein Lächeln lag auf ihrem Gesicht und verlieh ihm eine jugendliche Schönheit, die Wat nie zuvor gesehen hatte. Als er begriff, was sie meinte, brüllte er: »Nein!« und klammerte sich an die Seite des Bettes.

»Helft mir, Männer!« rief sie fröhlich. »Komm rauf, Tiger Tim. Bleib unten und fang ihn, Desperado Dan.«

Kittock und der kleine Mann hoben den schreienden Wat hoch und ließen ihn hinab in die Arme des dicken Mannes fallen, der ihn zur Tür trug, hinausstieß, die Tür hinter ihm zuschlug und verschloß und verriegelte. Die Nacht war warm, ein Vollmond stand am Himmel. Wat stürzte auf die Tür zu, warf sich vergeblich mit der Schulter dagegen, trat auf sie ein, hämmerte mit den Fäusten gegen das Holz und brüllte minutenlang wütend, bis er plötzlich von einem kalten Wasserstrahl durchnäßt wurde. Das Wasser war von dem dicken Mann aus einem Eimer gekippt worden; er schaute von dem zerbrochenen Turm herunter und sagte: »Mäßige deine Gefühle, du kläglicher kleiner Bastard! Es ist ein großes Bett, aber es hat nur Platz für zwei Männer, wenn Kitty wild wird.«

Dann wurde er von einer Mutter in sein erstes Heim zurückgeführt. Sie sagte leise: »Armer Wat, armer Wat, weshalb mußtest du dich an *sie* hängen? Heut nacht schläfst du bei mir.«

»Nein!«

»Wir stecken dich zu Joe – er mag dich.«

»Nein!«

»Wohin soll ich dich denn stecken, Wattie? Bei wem in diesem Riesenhaus möchtest du schlafen? Ich kann dich für heute nacht, vielleicht für länger, bei jedem unterbringen. Peggy ist zärtlich. Sie ist zehn und drall und mag kleine Jungs.«

Er entriß ihr seine Hand, verhärtete jeden Muskel, bis sein Körper vor Spannung vibrierte, und schrie: *»Kann ein Mann denn hier kein eigenes Bett haben?«*

»O doch«, sagte sie und lächelte traurig auf ihn hinab. »Ein Mann kann ein eigenes Bett haben.«

Einen Tag später sah er Kittock bei der Morgenandacht und funkelte sie an. Sie lächelte zum Gruß und zuckte die Achseln. Seine damaligen Gefühle waren genau die gleichen wie jene, die er jetzt für Delila Puddock empfand. Bevor er von den Sternen zurückkehrte, konnte er nicht ohne Qual an Kittock denken; danach freute er sich über ihren Anblick genauso wie über den aller anderen.

Ja, er hatte dieses kleine Zimmer im Alter von fünf Jahren bezogen. Den meisten Kindern wurde ein größeres Zimmer zugewiesen, wenn sie die selbstgewählte Oma in diesem Alter verließen, und sie teilten es sich mit zwei oder drei anderen. Sie schliefen, spielten und zankten sich gemeinsam bis zur Pubertät, denn dann wollte - und erhielt - jeder sein eigenes Zimmer, um Privatgäste empfangen zu können.

Wat hatte sich nie ein anderes Zimmer gewünscht. Er stellte sich vor, daß attraktive Nichten und junge Tanten vor seinem Zimmerchen standen und schüchtern baten: »Wat, o Wattie, bitte, laß mich rein.«

Mit unbarmherzigem Vergnügen malte er sich ihr Leid aus, wenn sie hörten, wie er ganz kalt und lässig zurückgab: »Laßt mich in Ruhe, ich habe zu tun.«

Unglücklicherweise war das einzige Mädchen, das jemals darum gebettelt hatte, sie in sein Zimmer einzulassen, eine hochaufgeschossene, linkische Elfjährige, die ihn besuchte, als er neun Jahre alt war. Sie war so linkisch und unattraktiv - genau wie er selbst -, daß es ihm keine Genugtuung bereitet hätte, sie vor der Tür stehen zu lassen. Sie saß stundenlang auf seinem Fußboden und stellte ihre Besuche irgendwann ein, weil er ihre Fragen einsilbig beantwortete, sonst kein Wort zu ihr sagte, sie nie ansah und weiterlas oder mit seinem Bildschirm spielte, als wäre er allein. Später hörte er, daß sie zu einer überaus intelligenten und attraktiven Frau herangewachsen war; also hatte Schüchternheit ihre langweiligen Bemerkungen ihm gegenüber ausgelöst. Er träumte immer noch davon, Frauen auszusperren, die ihn liebten. Mit zwölf Jahren hatte er das Angebot eines größeren Zimmers mit der Erklärung verschmäht, daß er sich so bald wie möglich zu den Satelliten aufmachen werde und deshalb an Beengtheit gewöhnt sein müsse. Das besorgte Erstaunen, mit dem sich die Mutter seine knappen, ruhigen Worte anhörte, bereitete ihm ein bitteres Vergnügen. Ihre Reaktion bewies, daß man sich um ihn kümmerte. Aber jene, die ihm am teuersten waren, hatten sich nie allzusehr um ihn gekümmert. Kittock hatte ihn nicht in ihrer Nähe haben wollen. Nan war eher eine Mutter als eine Partnerin. Annie hatte mit ihm gesprochen, als wäre sie eine ältere Schwester. Gewiß, er hatte sie alle geliebt, aber keine (außer vielleicht Kittock) war in der Lage gewesen, so vollständig von seinem Geist Besitz zu ergreifen wie die Frau im Zelt, die ihn mit absoluter Verachtung behandelt hatte.

»Warum bin ich ein verstockter Trottel?« flüsterte er und bemerkte dann eine Gestalt auf der Veranda, die ihn beobachtete.

Es war Kittock. Er nickte, ohne zu lächeln, drehte sich um und ging zurück zum Turm. Er zog sich die Schuhe an und kritzelte auf einen Zettel: *Eine politische Angelegenheit – jemand, den du nicht kennst, belauscht uns.*

Seinem Zimmer fehlte eine Tür auf die Veranda hinaus. Er holte sie in der Wohnzimmerbibliothek ein, die er seit über zwanzig Jahren nicht besucht hatte. Sie stand ihm gegenüber und hatte die Hände ganz still vor dem Körper verschränkt. Er fragte: »Bist du ärgerlich?«

Sie nickte.

»Warum?«

Sie zog seinen ersten Zettel aus der Tasche, zeigte ihn Wat, hob eine Platte vom Aga und ließ den Papierfetzen hineinfallen. »Ich habe dich nie bemuttert.«

Er zuckte demütig mit den Schultern und reichte ihr den zweiten Zettel. Sie las ihn, betrachtete Wat, lächelte und verbrannte auch dieses Papier. Sie sagte freundlich: »Setz dich, Wattie. Wenn falsche Leute lauschen, kann die Wahrheit dir nicht weh tun. Du bist nicht falsch.«

Es war genau das, was er hören wollte.

»Bist du sicher?« fragte er und nahm dankbar Platz. »Ich habe gestern nacht eine sehr schlechte Frau getroffen, Kittock.«

»Ich glaube, du hast eine Frau getroffen, die schlecht zu dir war, Wattie.«

»Wenn sie es ernst meint, will sie schlecht zu allen sein, und ich liebe sie, Kittock!« sagte Wat mit einem wilden Lächeln. »So was wie mich hat's nicht gegeben, seit sich José in Carmen verliebte. Ich bin verdorben!«

Sie brühte und servierte Kamillentee, während er sprach. Dann setzte sie sich ihm gegenüber und widmete ihm soviel Aufmerksamkeit, daß er sich bei ihr so geborgen fühlte wie damals, als er drei Jahre alt war. Sie stellte ihm Fragen, die ihm halfen, sich an Einzelheiten zu erinnern, zum Beispiel an die Farbe von Delilas Augen. Er erzählte ihr auch von den Nachrichten, die er aus dem Telecom erhalten hatte, und wurde immer aufgeregter.

»Muß es nicht mehr als eine von ihr geben, Kittock? Die Moderatoren des Öffentlichen Auges und die Telecom-Gurus und Befehlshaber, die nun in Sendungen auftreten, scheinen alle ein Teil ihres Komplotts zu sein, aber ich bin es auch - der schlimmste Teil. Vor einer Stunde nannte mich ein erfahrener Stratege *die Angriffsspitze einer großen neuen Bewegung, die der männlichen Tapferkeit ihr altes Prestige zurückgibt* - er sagte voraus, daß wir in einem Jahr in Bündnisarmeen kämpfen werden, die so groß sind wie die der ehemaligen Nationen und sich auf dieselben Territorien stützen. *Waffen und Kriegsregeln müssen für größere Manöverbereiche modifiziert werden, sagte er, aber es wird ernsthafte Übergriffe nur auf die Gemeindeländer geben.* Eine Frau fragte, ob dies bedeute, daß man künftige Schlachten nicht nur auf den Gemeindeländern, sondern auch um die Gemeindeländer ausfechten werde. Er meinte: *Warum nicht? Territorialinstinkte werden den männlichen Wettkämpfen Würze verleihen und unsere Häuser in keiner Weise gefährden.* Warum sind davon so viele überzeugt? Warum machen sich nur ein paar Frauen Sorgen darüber? Ich muß diesen Wahnsinn bekämpfen ...«

»Bekämpfen?«

»Mich dagegen aussprechen. Jeder Befehlshaber in Schottland wird nach dem Zirkus heute abend an einem Bankett mit fast hundert ausländischen Champions teilnehmen. Man wird erwarten, daß ich als Ehrengast die Rede halte. Soll ich der Welt erklären, daß ein Komplott gegen die Sicherheit unserer Heime geschmiedet wird?«

»Das dürfte sich anhören wie ein Zitat aus einem Geschichtsbuch«, sinnierte Kittock. »Zuerst wird das ganze Publikum annehmen, du seist ein verrückter Panikmacher aus der schlimmsten Zeit der Menschheitsgeschichte. Dann wird deine Aufrichtigkeit diejenigen, die dich mögen - und andere, die auch Angst vor den Auswirkungen größerer

Armeen haben –, veranlassen, einen Kreuzzug, eine Hexenjagd zu beginnen und eine Polizeitruppe aufzustellen, damit Verschwörer angezeigt und verhaftet werden können. Die Leute, die von einer solchen Polizei verhaftet oder mit der Verhaftung bedroht werden würden, wären natürlich fast alle unschuldig. Die neue Polizei würde, wie schon früher, zu dem Übel werden, zu dessen Verhinderung man sie geschaffen hat, und genau den gleichen Widerstand hervorrufen. Das würde der Puddock gefallen, der du im Wald begegnet bist.«

»Soll ich erst sie und dann mich selbst umbringen, Kittock?«

»Ich glaube, auch das würde ihr Spaß machen, Wattie. Trink deinen Tee aus, während ich nachdenke.«

Er schlürfte lauwarmen Tee, sah ihr beim Grübeln zu und überließ sich dem Komfort des Sessels mit der hohen Rückenlehne. Seit er ihr sein Problem erklärt hatte, empfand er eine angenehme Schläfrigkeit. Die Farbe des blinkenden Lichtes auf seinem Handcom zeigte, daß drei Personen dringende Nachrichten hinterlassen hatten und eine vierte sofort mit ihm sprechen wolle. Er ließ sich von dem blinkenden Licht in einen seichten Schlaf hypnotisieren, der sich plötzlich vertiefte.

»... und zum Bankett, Wat«, sagte Kittock laut.

Er gähnte und murmelte: »Das habe ich nicht mitgekriegt.«

»Geh nicht in den Zirkus und zum Bankett. Sprich

nicht mal mit diesen Leuten, überlaß es Jenny. Erkläre ihm, daß du eine Virusinfektion hast, aber sag nicht, daß du nicht gehen kannst. Sag, daß du nicht gehen willst, und meine es ernst.«

Er holte die Karte aus der Tasche, las den Text noch einmal, seufzte und sagte: »In Ordnung, Mutter, aber es wird mir schwerfallen. Jedes Stück von mir, außer meinem Verstand, sehnt sich nach der Frau.«

»Bleib fest. Verlier nicht den Verstand, und sie wird zu dir kommen«, sagte Kittock grimmig. »Ich werde dich heute, heute abend oder morgen nicht aus den Augen lassen, Wat. Hör auf, so erregt dreinzuschauen. Sie kann dir nur schaden.«

»Ich habe dir doch gesagt, daß ich verdorben bin, Mutter«, erwiderte er mit einem resignierten Lächeln. »Ich weiß, daß sie mir nur schaden kann, aber es ist meine einzige Hoffnung, daß sie mich dafür in ihrer Nähe haben muß. Weshalb bist du sicher, daß sie kommen wird?«

»Ich sag's dir, wenn wir mit den Uromas in Dryhope gesprochen haben«, erwiderte Kittock und stand auf, »komm, wir müssen ihnen alles erzählen.«

»Warum?« fragte Wat verwirrt. »Wem könnten alte Hausfrauen denn schon nutzen, außer den Bairns, um die sie sich kümmern? Sicher, es gibt keine Sache, über die sie nicht alles wissen wollen, aber Klatsch wird die Welt nicht retten - und mich auch nicht.«

»Manchmal hast du weniger Gehirnschmalz als eine kopflose Henne, Wat Dryhope! Du hast immer zu wenig von den Frauen gehalten, die dich aufgezogen und versorgt haben, weil du dir Gefahr, nicht Sicherheit wünschtest - deshalb hast du dich in mich verliebt und in Geschichtsbücher und die Reise zu den Sternen und den Krieg und in Delila Puddock. Wenn ich dich doch bloß zu einem Gangrel hätte machen können, Wat. Ihr Leben enthält all die gesunde Gefahr, die ein vernünftiger Mann braucht, aber es hat keine Zeit für Massenwahn und elitäre Verschwörungen. Bei seßhaften Menschen sind's die Uromas, die verhindern, daß solche Dinge gefährlich werden. Ihr Klatsch ist seit mehr als einem Jahrhundert die einzige Regierung und die einzige Polizei, die die Welt braucht – wenn du das nicht weißt, dann durchschaust du nicht, was die moderne Gesellschaft stabil hält. Wenn *sie* in dieser Hinsicht genauso unwissend ist wie du (und das kann sein, denn ihr beide wart euch sehr ähnlich), dann können wir verhindern, daß sie viel Schaden anrichtet.«

»Von wem redest du?«

»Von der hübschen, gnadenlosen Puddock, der du im Wald begegnet bist: Lulu Dancy, die sich in dich verknallt hat, als du klein warst.«

War sprang auf und schritt hin und her. »Das magere, schlaksige Ding? Sie hieß nicht Lulu, sondern ... Wie noch ...?«

»Meg Mountbenger. Du schenktest ihr keine Aufmerksamkeit, deshalb kam sie zu mir, fragte mich nach dir aus und las die gleichen Bücher wie du. Ich schaffte es, sie für Bücher zu begeistern. Sie lieh sich mehr als jeder andere, den ich kannte: Geschichte, Kunst, Dichtung und Romane. Ein sehr kluges Mädchen wurde sie und wunderschön dazu, aber nach dir war sie geskannert von den Ettrick-Burschen, und aus ihren Tanten und Omas machte sie sich auch nicht sehr viel. Meg wurde Künstlerin und ging zu den Sternen. Sie gehörte zu dem Team, das die hohle Welt K20 entwarf. Aber sie mochte Geräusche und Erscheinungen lieber als handfeste Formen, deshalb änderte sie ihren Namen so, wie er heute ist, kehrte auf die Erde zurück und schloß sich letztes Jahr Cellinis Wolkenzirkus an – was ist plötzlich los mit dir, Wattie?«

Mit Tränen auf den Wangen sagte er heiser: »Ich bin noch nie so glücklich gewesen. Sie braucht mich, wie ich sie brauche! In dem, was sie mir gestern Nacht antat, war Haß, aber nichts Berechnendes, nichts Politisches. Es ist ein Wunder, daß sie mich in all diesen Jahren gebraucht hat. Ich werde zu ihr gehen.«

Kittock umklammerte seine Hände und versuchte, ihn nicht aufstehen zu lassen. »Und sie meinte es ernst, als sie sagte, sie wolle Armut und machtgierige Regierungen wiederherstellen! Ist ihre Art Gevögel wichtiger für dich als die richtige Ernährung aller Bairns der Welt? Als die Sicherheit unserer Schwestern, Tanten und Omas? Als das Glück von Annie, Nan und deinen anderen lieben Schätzchen?«

»Sie kann ihnen nicht weh tun«, sagte Wat ungeduldig, entzog ihr seine Hände, stand auf und ging zur Tür. »Und ich werde sie aufhalten, wenn sie's versucht. Das verspreche ich, Kittock.«

Kittock rief in einem gequälten Tonfall: *»Sie ist ein Neosapiens, Wat!«*

Er betrachtete sie und fragte dann, woher sie es wisse.

»Rate mal«, sagte sie mit einem traurigen Lächeln.

»Du bist auch einer?«

Sie nickte.

Einen Moment später sprach er beiläufig wie jemand, der bereit ist, noch ein paar Minuten mit einer Fremden zu verbringen. Zu seiner Freude stellte er fest, daß sein Benehmen sie verletzte. »Als ich klein war, hast du mir erzählt, die Erde sei das Samenbeet des Universums – wer sich für Unsterblichkeit entscheide, müsse die Erde verlassen, um Überbevölkerung zu verhindern. Brechen Unsterbliche diese Regel?«

»Ich bin nicht mehr unsterblich«, sagte Kittock demütig.

»Ich schüttelte den Irrsinn der Verjüngung ab, als ich zur Erde zurückkehrte. Ich war sechzig Jahre draußen im Universum, bevor ich mir eingestehen konnte, wie sehr ich die Ewigkeit und die Unendlichkeit haßte und wie sehr ich die wunderbare große Kleinheit der Welt benötigte. Die Dryhope-Omas (einige von ihnen sind meine Töchter) ließen mich in dieses Nebengebäude schlüpfen, wo ich niemanden verdränge und der Kraftpflanze nichts abnehme außer Hühnerfutter und Büchern für die Gangrels. Aber Meg Mountbenger ist eine ganz andere Frau. Außerdem ist sie deine ...«

Ein Rauschen wie von fernem Wind war näher gekommen, und plötzlich schlug ein betäubendes, stetiges Röhren über dem Turm zusammen. Die Tür am Fuß der Wendeltreppe barst auf, ein Schwall warmer Luft brachte eine Wolke aus Staub, Federn und vier Tauben mit sich, die oben herumwirbelten und -flatterten, bevor sie sich in Fensternischen und auf Bücherregalen niederließen. Wat und Kittock, die vor lauter Staub fast blind waren, eilten zur Tür und wollten sie zustoßen. Doch bevor es ihnen gelang, ließ der Luftdruck nach, und das Röhren, obwohl immer noch stetig, schwächte sich so sehr ab, daß sie den Lärm kräftiger Männerstimmen und von oben herunterkommender Schritte hören konnten.

Als erster trat ein junger Bursche in der Uniform der Boys' Brigade ein. Er rief: »Wattie, Wattie, wir haben die

Standarte, wir haben die Standarte!« Es war Sandy, Wats Bruder.

Hinter ihm beugte sich eine massige, imposante Gestalt in der Ausgehuniform eines northumbrischen Befehlshabers vor, um ihren mit Federn geschmückten Helm unter den Türsturz hindurchschieben zu können. Es war General Shafto, der so überwältigend, unerschütterlich vergnügt wirkte, daß Wat sich schon bei seinem Anblick glücklicher fühlte. Shafto wandte sein grinsendes Gesicht von Wat zu Kittock, salutierte und sagte: »Verzeihen Sie die rüde Störung, meine Dame, aber wir sind in dringenden Kriegerangelegenheiten hierher gekommen, da wir den Ettrick-Befehlshaber auf keine andere Weise erreichen konnten. Oberst Dryhope! Mein guter Freund und mein bester Feind! Deine Kutsche erwartet dich oben mit Archie Cook Crot an den Steuerhebeln. Da das ganze northumbrische Oberkommando zu der Party in Selkirk heute abend nach Norden kommen wollte (ja, sogar der alte Dodds - er ist nicht mehr sauer auf dich), habe ich beschlossen, mit deinen Standartenträgern zurückzukehren. Hier sind wir also, um den Ehrengast und Mann der Stunde abzuholen.«

»Er geht nicht in den Zirkus«, sagte Kittock, und Wat war verblüfft über ihr Äußeres. Sie sah nicht mehr ruhig und weise aus, sondern klein und hektisch wie ein verängstigtes Kind.

»Verzeihen Sie, daß ich anderer Meinung bin, meine Dame, aber er muß es! Der Zirkus kann ohne ihn nicht beginnen! Weltmeister warten darauf, dir die Hand zu schütteln, Wat Dryhope: Inongo, Winesburg und Pingwu, um nur einige zu nennen. Befehlshaber der großen, kürzlich neu gegründeten Militärbündnisse sind hier, um dir die Hand zu schütteln: Shier Khan aus der Mongolei, Jack Ripper aus Texas, Siegfried Krähwinkel aus dem Fünften

Reich. Jeder Befehlshaber in Schottland wartet darauf, dir die Hand zu schütteln – ja, Schottland wird wieder eine Nation sein, und wer außer Wat Dryhope könnte sie führen? Herrschaften, die Schotten und die Sassenachs können sich wieder auf ein paar tolle Raufereien freuen! Eine ganze Batterie von öffentlichen Augäpfeln wartet draußen, aber auf *die* werden wir nicht achten. Komm nach oben, Wattie!«

Wat hatte mit zusammengekniffenen Lippen bei Shaftos Worten gelächelt, genickt und fast gelacht, aber er brach nicht sofort auf. Ein Teil von ihm wußte, daß er von dem Willen anderer mitgerissen wurde und daß niemand so etwas zulassen sollte. Er sah Kittock an. Sie erwiderte seinen Blick und schüttelte den Kopf fast unmerklich, aber entschieden. Plötzlich wußte er, daß es die größte und aufrichtigste Tat seines Lebens wäre, *nicht* zu gehen, aber Shafto legte ihm glucksend eine warme, freundschaftliche Hand auf die Schulter und sagte: »Warum sollte sich ein Held wie du vor seinen Kameraden verdrücken, wie es Achilles tat? Achilles' schöne Bettgenossin war ihm von seinem Befehlshaber weggeschnappt worden, aber DU bist hier der Oberbefehlshaber, und die schöne und berühmte Lulu Dancy erwartet deine Befehle in dem fliegenden Bettgestell dort oben. Geh zu ihr! Davon abgesehen, Oberst Dryhope, gehört dein Leben zum Teil mir! Ich habe es vor einer Woche gerettet! Heute abend verlange ich, daß du tust, was *ich* will. Ich befehle dir, kein verdammter duhrer, schweigsamer Schotte mehr zu sein und dich endlich einmal des Lebens zu *freuen*!«

Also ging Wat doch in den Zirkus.

ANMERKUNGEN
& GLOSSAR
ZUR ERKLÄRUNG
VON DUNKLEREN STELLEN

PROLOG DER MUTTER EINES HELDEN

Seite IX

☞ *geskannert*: ein Zurückschrecken, das intensiver ist als *angewidert*; es leitet sich von dem Substantiv *Skanner* ab.

☞ *driech*: grau und öde; kalt und trüb.

Seite X

☞ *snibben*: zuklinken; verriegeln; abschließen.

☞ *uisge beatha*: gälisch für Aqua vitae oder Lebenswasser; eine Spirituose, die durch Destillation aus einer mittels Malzdiastase verzuckerten Getreidemaische gewonnen wird; auch bekannt als Whisky oder Scotch.

Seite XI

☞ *ramfieseln*: durcheinanderbringen; verwirren; erschöpfen.

Seite XII

☞ *bambeesend*: verblüffend, bestürzend.

Seite XIII

☞ *Klanjamfries*: unterschiedliche Gruppen
☞ *malagrohst*: verletzt, verwundet.

Seite XIV

☞ *lang-nebbig*: langnasig; überintellektuell; klüger erscheinend, als es der Wirklichkeit entspricht.

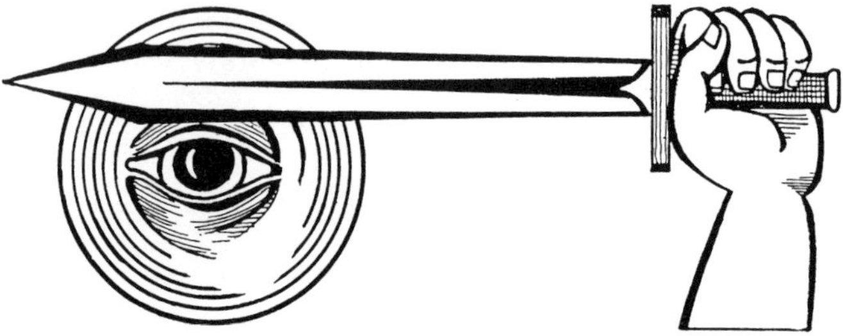

KAPITEL 1 - ÖFFENTLICHES AUGE

Seite 3

☞ *Fünf Befehlshaber... mit... narbenzerfurchten Gesichtern.*

Da Orden so veraltet waren wie Monarchen und Präsidenten, die sie verliehen hatten, waren Narben das einzige äußere Zeichen soldatischer Erfahrung. Viele höhere Offiziere verzichteten auf eine medizinische Behandlung, durch die ihre Gesichter völlig geheilt worden wären, doch im Unterschied zu den Angehörigen deutscher schlagender Verbindungen im späten neunzehnten Jahrhundert verlangten sie keine medizinische Behandlung, die die Narben stärker hervortreten ließ.

Seite 6

☞ *Eine Epoche, da die meisten Männer über einen Meter achtzig groß sind.*

In der historischen Ära waren gute Ernährung und gesunde körperliche Bewegung oft ein Vorrecht der Offiziersschicht, deren durchschnittliche Größe, Konstitution und Lebensspanne jene von Männern, die kein Vermögen ererbten, gewöhnlich übertrafen. Im neunzehnten und zwanzigsten Jahrhundert führten einige Wissenschaftler solche Klassenunterschiede auf Vererbung zurück: Wenn die Ungleichheit genetischer Art war, konnte keine politische Bewegung Erfolg haben, die das Los der Schlechternährten verbessern sollte. Doch innerhalb von weniger als hundert Jahren kam die Durchschnittsgröße weißer Australier der Durchschnittsgröße der britischen Offiziersschicht gleich, obwohl die meisten weißen Australier damals von armen Briten abstammten, die von der Offiziersschicht des Landes verwiesen worden waren.

Seite 9

☞ *Bairns*: Kleinkinder, junge Leute, Kinder oder Sprößlinge. Dieses Wort, von teutonischer und skandinavischer Herkunft, war schon vor dem achtzehnten Jahrhundert sowohl in England als auch in Schottland weit verbreitet. Shakespeare und Swift benutzten es.

☞ *Luhns*: junge Leute, zumeist männlich, von schelmischem, niederträchtigem, sexuell übermäßig regem oder gewalttätigem Charakter; auch benutzt als freundschaftliche Herabsetzung von jemandem, den der Sprecher mag, oder des Sprechers selbst. Einheimische von Forfar ließen sich gern Forfar-Luhns nennen; es war der bevorzugte Spitzname für die Fußballmannschaft des Ortes.

☞ *Wenn eure Wunden verheilt sind, schließt euch den Veteranen und der Boys' Brigade im Kriegerhaus an, wo ihr die einzigen Offiziere sein werdet ... Bringt dem Ettrick-Nachwuchs bei, wie sie zu vermeiden sind.*

In modernen Armeen gab es keine gemeinen Soldaten. Den niedrigsten Rang nahmen die Boys' Brigades ein, die selten vor ihrem sechzehnten Lebensjahr kämpfen durften. Diejenigen, die ihren ersten Krieg überlebten und in der Armee blieben, wurden sofort Offiziere mit vollen Stimmrechten.

Seite 11

☞ *Die Ettricks setzen ihre Helme auf und bilden einen Kreis.*

Die Helme enthielten die einzige elektronische Ausrüstung, die sich moderne Armeen gestatteten: Kopfhörer, durch die Soldaten die Stimme ihres Befehlshabers auf einer niemandem sonst zugänglichen Wellenlänge empfangen konnten.

Seite 17

☞ *Whins*: Ginster, ein stacheliger, Blüten tragender immergrüner Strauch, der überall in Europa und Afrika auf kargem oder steinigem Boden gedeiht.

Seite 18

☞ *Die einzigen Zeichen der Schlacht auf den Moorlandhängen waren ein paar Gangrels, die verstreute Schwerter, Helme, Schilde ... einsammelten.*
Gangrels: Kesselflicker, Tramps, Vagabunden, Landstreicher, Zigeuner, Nomaden ohne festen Wohnsitz.

Die frühesten Vertreter der Menschheit waren von dieser Art; sie zogen jahrtausendelang in kleinen Sippen durch das Land, fertigten behelfmäßige Geräte und Unterkünfte an, sammelten und verzehrten ihre Nahrung, während sie dahinwanderten. In manchen Ländern besaßen sie Schafe und Ziegen, die sie vor sich hertrieben. Die frühen Juden und Araber waren solche Menschen. Nachdem einige frühe Gangrels seßhaft geworden waren und mit Landwirtschaft,

Weberei und Herstellung von Tontöpfen begonnen hatten, wurden die noch immer umherziehenden zu den ersten Händlern. Wachsende Siedlungen brachten Stadtstaaten, Imperien und riesige Zivilisationen hervor, und die Gangrels innerhalb solcher Gebiete lebten von Wanderarbeit, Pferdehandel, Altwarenhandel, Kesselflickerei, Zauberkunststücken und Musikvorführungen. Auf den gewaltigen Steppen des nördlichen Eurasien wurden umherziehende Nationen reitender Hirten stark genug, um einen Gegenangriff auf die besiedelten Gebiete Chinas und Roms einzuleiten, von denen sie im Osten und Westen bedrängt wurden. Ihre Angriffe ließen das Römische Reich in die christlichen Nationen eines neuen Europa zerfallen, denn die anstürmenden Reiter hätten die von ihnen eroberten Städte und Territorien ohne die Hilfe einer Priesterschaft, die des Lesens und Schreibens mächtig war, nicht gewinnbringend verwalten können. Ihre Angriffe sorgten auch dafür, daß China eine neue Herrschaftsdynastie erhielt. Wenn solche Gangrels zu Grundeigentümern wurden, nahmen ihre Wanderungen ein Ende – mit Ausnahme von Überfällen auf ihre Nachbarn.

Wollten Regierungen der historischen Ära die öffentliche Aufmerksamkeit von ihrer Gier oder ihrem Unvermögen ablenken, brachen sie gewöhnlich einen Krieg vom Zaun. Wenn Konflikte mit Fremden jedoch zu gefährlich oder teuer erschienen, erklärten sie einem Teil der von ihnen Beherrschten den Krieg. Wenigstens zweitausend Jahre lang waren Juden und Gangrels die traditionellen Opfer. Zwischen 1942 und 1944 versuchte die deutsche Regierung, sämtliche Zigeuner und Juden in Europa umzubringen, und ermordete ungefähr sechs Millionen von ihnen. Im Jahre 1990 begleitete der britische Innenminister – ein Politiker, dessen Aufgabe es ist, britische Haushalte zu schützen - einen Polizeiangriff auf ein Gangrel-Lager auf dem alten Gemeindeland von Glastonbury. Männer und Frauen wurden niedergeknüppelt und ihre Wohnwagen mit Schlagstöcken beschädigt, und am nächsten Tag verkündete der britische Premierminister im Parlament: »Ich halte es für meine Pflicht, diesen Leuten das Leben schwerzumachen.« Doch während Regierungen, die Großgrundbesitzern dienten, diesen Leuten das Leben schwermachten, hatten ihre Maßnahmen weiterhin zur Folge, daß Menschen obdachlos wurden. Zu Beginn des einundzwanzigsten Jahrhunderts kamen auf jeden Tramp, Zigeuner, Kesselflicker oder Landstreicher, dem dieses Leben gefiel, ein Dutzend Menschen, die zu arm waren, sich eine Wohnung zu mieten, und zweimal so viele behelfsmäßig untergebrachte Landarbeiter, die von Unternehmern dazu eingesetzt wurden, die Löhne seßhafter Arbeiter zu drücken. Bevor die Heime auf Selbstversorgung umstiegen und das Gemeindeland an alle Menschen zurückfiel, waren die meisten Gangrels durch Zwangsräumungen zu Wanderern geworden.

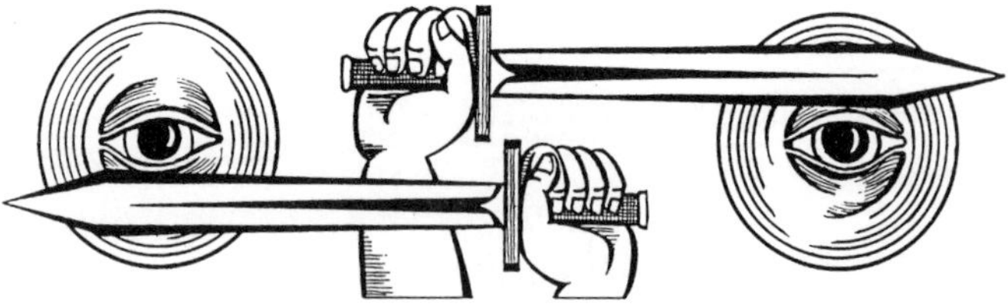

KAPITEL 2 - PRIVATHÄUSER

Seite 21

☞ *Eine würdevolle Frau von Fünfzig war an jenem Tag Mutter.*

Jedes Haus hatte wenigstens sechs erfahrene Frauen, die die Kraftpflanze bedienen konnten und diese Aufgabe abwechselnd für eine Woche übernahmen. Während jener Woche galt die Betreffende als Mutter des ganzen Haushalts. Die Arbeit war schwer, und keine jüngere Frau wünschte sich ein so strenges Amt. Außerdem brachten viele Mädchen Kinder zur Welt, wenn sie noch zu jung waren, diese geduldig zu versorgen. In modernen Heimen lief kein Kleinkind Gefahr, vernachlässigt zu werden. Die meisten schlossen sich einer Tante (ein Titel, der jeder gebärfähigen Frau über achtzehn Jahren verliehen wurde) oder Oma (ein Titel für alle Frauen jenseits der Gebärfähigkeit) an.

☞ *Sie ließ die Orgeltöne verklingen und wandte sich den Aufträgen des Tages zu.*

Die Orgel konnte der Kraftpflanze jede existierende Form von Musik, Kunst und industrieller Produktion entlocken, die kleiner als der Durchmesser des Stieles war. Alle Hausmütter waren geschickte Musikerinnen, denn jede, die Bachs Messe von etwa 1740 spielen konnte, beherrschte mühelos die Griffe, mit denen die Bestandteile eines Motorrads der Marke Triumph von 1956 herbeigerufen werden konnten. Kein Geschick in der Tastenbeherrschung war nötig, um einfache Substanzen wie Schokolade oder Dynamit herzustellen. Doch die Organistinnen enthielten Kindern dieses Wissen aus Gesundheitsgründen vor. (Anmerkung: Der Lärm, der Gestank und die Gefährlichkeit der ölbetriebenen Triumph hatte zur Folge, daß viele Heranwachsende sie den sichereren, saubereren, sparsameren Modellen des einundzwanzigsten Jahrhunderts vorzogen.)

Seite 22

☞ *Elastoplast*: Handelsname eines antiseptischen Heftpflasters, das zuerst im frühen zwanzigsten Jahrhundert produziert wurde.

☞ *Die Köchinnen [bestellten] Milch, Käse, Mehl, Zucker, Kaffeebohnen.*

Die zusätzliche Düngung der Kraftpflanzenwurzeln nach großen Beerdigungen bewirkte, daß Fleisch mit ungewöhnlicher Geschwindigkeit geliefert werden konnte. Die meisten Familien mieden den Makel des Kannibalismus, indem sie für zwei Wochen vegetarisch lebten, wenn nicht Jäger Wildbret vom Gemeindeland hereinbrachten.

☞ *Oma Tibs war hundertzwanzig Jahre alt.*

Oma Tibs war keine Unsterbliche. Ihr Alter hatte (wie die Durchschnittsgröße) auf natürliche Weise durch die moderne Haushaltung zugenommen, in der man älteren Menschen Zuneigung und Respekt entgegenbrachte. Die Verbindung zwischen langem Leben und Respekt wurde von einem Gemeinschaftsteam US-amerikanischer und sowjetischer Wissenschaftler entdeckt, die den russischen Kaukasus im späten zwanzigsten Jahrhundert besuchten, um dort Gerüchte über ungewöhnliche Langlebigkeit zu erforschen. Sie stellten fest, daß die Gerüchte zutrafen und die Langlebigkeit wenig mit Ernährung und Klima zu tun hatte. Ihre Entdeckung wurde bündig von dem Anglo-Amerikaner Alasdair Cook zusammengefaßt: »Wenn du lange leben willst, lehre deine Kinder, dich zu lieben, und deine Enkel, dich zu achten.«

Seite 26

☞ *Ein marmornes Vogelbad, das wie ein Flugzeugträger des zwanzigsten Jahrhunderts geformt war.*

Diese Form dürfte sich von Ian Hamilton Finlays Teichskulptur im Garten Little Sparta bei Biggar in Lanarkshire herleiten.

☞ *Ein Fischteich in einem Gemüsegarten, der sich um das ganze Haus herumzog.*

Kraftpflanzen konnten jegliche gesunden Nahrungsmittel synthetisch herstellen, doch Gourmets glaubten, synthetischen Speisen, die komplizierter als Mais, Reis oder Stärkemehl waren, fehle das Aroma des natürlichen Wachstums; sie seien so fade wie Lebensmittel in den Tagen, als das Wachstum von Gemüse und Vieh durch Massenzüchtung und Genmanipulation beschleunigt und ihr Verfall durch Tiefkühlung, atomare Bestrahlung und chemische Zusätze verzögert wurden. Neben Getreideprodukten bestellte man bei der Kraftpflanze Lebensmittel, die nicht in der Umgebung angebaut werden konnten, im nördlichen Europa etwa Tee, Kaffee, Zucker, Orangen und Zitronen. Alle modernen Haushalte hatten umfangreiche Gemüsegärten. Das Sammeln von Beeren, Nüssen und Pilzen auf den Gemeindeländern war ein beliebter saisonbedingter Zeitvertreib, Jagen und Angeln waren populäre Beschäftigungen. Die zunehmende Beliebtheit dieser Tätigkeiten in den letzten Tagen des frühen Matriarchats gehörte zu den Faktoren, die der Menschheit halfen, die große Pest mit so geringen Verlusten zu überleben.

☞ *Am rechten Ufer stand Dryhope Tower, eine alte Feste, die nun von der Hühnerfrau bewohnt wurde.*

Im nördlichen Europa hatte die Hühnerfrau großer Haushalte einen Status, der ihr einen Platz in der Folklore verschaffte. Das Züchten von Geflügel außerhalb der Mauern machte sie zu einer Nichtadligen, aber sie brachte ihre Erzeugnisse direkt zur Gutsfrau, da Geflügelfleisch dem Adel vorbehalten war, während die Kost der unteren Schichten hauptsächlich aus Fleisch von Tieren bestand, die man zu Beginn des Winters erlegt und eingesalzen hatte. Das Vorrecht der Hühnerfrau, das Gutshaus nach Belieben zu betreten oder zu verlassen, ließ sie dem Pförtner oder Türhüter lästig werden. Ein schottischer Dichter des fünfzehnten Jahrhunderts (manche vermuten, es sei Dunbar) erzählte, wie seine Frau verdurstet, in den Himmel kommt, als Hühnerfrau der Mutter Gottes arbeitet, »mit dem heiligen Petrus hadert«, das Ale im Himmel als sauer empfindet und schließlich in einer Schenke außerhalb der Mauern Reisende bedient, die zum Himmel unterwegs sind. Die Ähnlichkeit zwischen dieser Hühnerfrau und Wat Dryhopes Mutter ist auf ihren gemeinsamen Beruf zurückzuführen.

☞ *... das fast einen Kilometer entfernte Saint Mary's Loch. An diesem Tag spiegelte die ruhige Oberfläche die hohen umliegenden Hügel mit ihren Wäldern aus Kiefern, Eichen, Birken und Ebereschen genau wider.*

Die in dieser Szene beschriebene Bewaldung ist in der alten Ballade über den Geächteten Murray verzeichnet; sie erzählt, wie König James Stuart ein Heer von ganzen fünftausend Mann gegen die Grenzclans führt:

Sie sahn den dunklen Wald da vorn,
Sie dachten, welch ein mächtig' Bild.

Im achtzehnten Jahrhundert wurde dieser uralte Wald durch ein Wirtschaftssystem zerstört, das auf Schafhaltung und Wollverarbeitung beruhte. Sir Walter Scott feierte später die Klarheit des Sees, gedachte jedoch auch der Vernichtung des Baumbestandes:

Im Geist ich immer wieder geh'
Entlang Saint Marys stillem See.
Du kennst ihn gut - kein Moor, kein Ried
Störn reinen Sees kristallnes Lied.
Jäh und klar der Berge Kranz
Berührt der edlen Fläche Glanz;
Und nur ein wenig Silbersand
Zeigt, wo das Wasser trifft das Land.
Fern im Spiegel, leuchtend blau
Jeden Hügels Linien schau;
Zerzaust von Heide, sonst kahl der Ort,
Nicht Baum, nicht Busch, nicht Farn ist dort;
Bloß quer zum See verläuft ein Streifen,
Auf dem zerstreute Kiefern reifen.

Am Ende des zwanzigsten Jahrhunderts hatte Übergrasung den Mutterboden zerstört und hier und da graue Streifen aus kieselartigem Stein freigelegt. Nach dem Ende der industriellen Haushaltung war Ettrick in der Lage, seinen alten Wald aufzuforsten und außerdem schöne Gärten rings um die Heimstätten anzulegen.

☞ *... große, von niedrigen Mauern umgebene Villen mit breitem Gesims. Jede besaß den schlanken weißen, umgekehrten Zapfen eines Kraftpflanzenstiels, der nach den ersten dreißig Metern schemenhaft und unsichtbar wurde.*

Wie die Bäume, denen sie nachempfunden war, lebte und reifte die Kraftpflanze, indem sie Sonnenlicht, Luft, Feuchtigkeit und Schmutz synthetisch verarbeitete, doch das Wesen ihrer Früchte wurde von menschlicher Programmierung bestimmt. Dach, Wände und Fundament der Häuser - alles außer den polierten Parkettfußböden - waren Teil der Pflanze. Die Stiele konnten leicht Wolkenhöhe erreichen, da ihre Pfahlwurzel die geothermische Tiefenstufe berührte.

Die erste moderne Kraftpflanze wurde im einundzwanzigsten Jahrhundert durch ein Team von mehr japanischen Genies entwickelt, als hier namentlich aufgeführt werden können. Damals war die Welt durch den ausbeuterischen Wettbewerb so katastrophal verschmutzt, daß die reichsten Ausbeuter Anteile an selbständigen Ökosystemen (einige auf der Erde, einige auf den Satelliten) erwarben, die - wie sie hofften - ihre Kinder retten würden, wenn menschliches Leben anderswo unmöglich geworden war. Das gleiche irre Streben nach einer längeren Existenz, als sie selber anderen zugestanden, hatte amerikanische, britische und russische Regierende im zwanzigsten Jahrhundert zum Bau von Atombunkern getrieben und ägyptische Regierende im Morgengrauen der Geschichte gezwungen, gewaltige Pyramiden und Grabkammern zu errichten.

Die Gesellschaft, die die Kraftpflanze entwickelt hatte, sah voraus, daß diese die monetäre Haushaltung ersetzen könnte. Sie wußte auch, daß ihre Erfindung Panik bei den Bankern, Börsenmaklern und Managern auslösen würde, die damals die zivilisierte Welt durch Manipulation von Geldern beherrschten. (Anmerkung: zivilisiert = verstädtert.) Geld war das schönste und reizvollste Besitztum, und man führte Kriege gegen jeden, der seinen Wert verminderte. Deshalb warben die Japaner in begrenzten Kreisen für ihre Kraftpflanze und verkauften Sämlinge für ungeheure Summen an Chefs von Regierungen und multinationalen Unternehmen, was Begüterten erlaubte, sich autarke Privathaushalte zuzulegen. Millionäre begriffen, daß solche Haushalte sicherer als alle anderen waren, und begannen, Kraftpflanzen auf privaten Inseln vor den Küsten ihrer Heimat zu säen. Aber nicht alle Millionäre und Staatsoberhäupter handelten egoistisch. Ohne dies öffentlich bekanntzumachen, legten die Regierungen von Japan, der Schweiz und Israel die Wurzeln einer Kraftpflanzenwirtschaft, die schließlich ihrem ganzen Land zugute kommen sollte. Kurz darauf spendierte ein arabisches Syndikat allen islamischen Nationen insgeheim Setzlinge. Mittlerweile war die Nachricht von der Kraftpflanzenkultur zu Benutzern des offenen Informationsnetzes vorgedrungen, die hier eine Möglichkeit sahen, alle Menschen vom Mangel zu befreien. Millionäre stellten sich der Tatsache, daß ihr privaten Zufluchtstätten nur in einer Welt völlig sicher sein würden, in der die meisten Menschen sicher waren.

Die erste der nationalen Pflanzungen reifte gegen Ende des Jahrhunderts aus, wonach die Importe der betreffenden Nationen auf Null sanken. Inzwischen folgte jedes Land der Welt ihrem Beispiel; nur in hochorganisierten Polizeistaaten (Britannien und die USA waren die letzten) sorgte man viele Jahre lang für die Existenz einer Unterschicht, indem man den in alten Städten zusammengepferchten Menschen jegliche Kraftpflanzen-Haushaltung untersagte. Diese alten Städte wurden als Konzentrationslager benutzt, was zur Vernichtung mehrerer herrlicher Gebäude (zum Beispiel von Saint Paul's Cathedral) führte, die die moderne Welt in Form von Gesangsschulen, Ausstellungssälen oder Hotels bewahrt hätte.

Seite 31

☞ *kleipen*: eine Privatangelegenheit publik machen, die der ins Vertrauen Gezogene hätte für sich behalten sollen. Das Substantiv *Kleip* (manchmal *Kleip-klasch*) bezeichnet jemanden, der geneigt ist, andere zu denunzieren.

☞ *slieket*: weich und glatt anzufassen. In einem großartigen Gedicht verwendet Burns das Adjektiv liebevoll für eine Feldmaus. Bezogen auf eine Person klingt hingegen das Adjektiv *slie* an: schlau, geschickt, gewandt, doch auch verstohlen oder verschlagen, mithin nicht vertrauenswürdig.

Seite 33

☞ *obstrapulös*: auf laute oder anmaßende Art lästig, von dem lateinischen Adjektiv *obstreperus* (lärmend).

Seite 34

☞ *Weans*: Kinder, also fast synonym mit Bairns, doch eher auf den Säuglingszustand des menschlichen Wachstums bezogen.

☞ *Die Welt besitzt kaum ein Dutzend Stämme von Berufsamazonen.*

Griechischen Sagen zufolge waren die Amazonen eine Nation von Frauen an den Ufern der Donau; durch ihre Stärke in der Schlacht seien sie von Männern unabhängig gewesen. Die Nation habe ausschließlich aus Frauen bestanden, da sich die Amazonen von den Männern eines Nachbarlandes schwängern ließen, männlichen Nachwuchs aber bei der Geburt beseitigten. Im achtzehnten und neunzehnten Jahrhundert bezeichneten europäische Reisende große weibliche Regimenter als Amazonen, die für das afrikanische Königreich Dahome kämpften. Die Soldatinnen wurden manchmal schon vor der Geburt zum Wehrdienst verpflichtet, oft aus den Reihen von Sklavinnen rekrutiert, dazu ausgebildet, Schmerz zu ertragen und in den schwierigsten Bereichen des Schlachtfeldes zu kämpfen; außerhalb der Schlacht standen sie ihrem König und seinen Häuptlingen uneingeschränkt zur Verfügung. Mithin besaßen sie genausowenig Unabhängigkeit wie andere Soldaten der historischen Epoche. Während des größten Teils der Geschichte schlossen sich Frauen nur dann Armeen an, wenn sie sonst kein besseres Auskommen fanden. Obdachlose reisende Frauen lebten parasitär von genauso parasitären Scharen männlicher Söldner, indem sie zwischen den Schlachten sexuelle Entspannung und Alkohol für Geld und während der Schlachten Wasser und notdürftige medizinische Hilfe für jegliche mögliche Entlohnung feilboten. Nach der totalen Verstaatlichung des Krieges im zwanzigsten Jahrhundert wurden Frauen als Lagerverwalterinnen, Fahrerinnen und Funkerinnen in die Armee eingezogen. Wenige wurden direkt dazu eingesetzt, Menschen zu erschießen und zu bombardieren.

Die unabhängigen weiblichen Armeen nach der Vorstellung der Griechen erschienen erst zu Beginn der modernen Ära. Mit Ausnahme der Antarktis hatte nun jeder Kontinent zwei oder drei Amazonen-Kriegerhäuser; die Angehörigen wurden nicht aus örtlichen Clans rekrutiert, sondern man zog überaus aggressive Freiwillige aus allen Teilen der Erde heran. Übertragungen ihrer Schlachten waren bei Männern besonders beliebt, aber da sich die modernen Amazonen weigerten, die Genfer Konventionen anzuerkennen, wagte keine männliche Armee, gegen sie anzutreten. Sie hatten nichts gemeinsam mit nordamerikanischen Militärschwesternschaften, die einen Abklatsch der männlichen Kampfbekleidung anlegten, neben ihren Brüdern und Geliebten in den Krieg marschierten, sich am Rand des Schlachtfeldes aufreihten und ihre Clans durch Chorgesang und synchronisierte Körperzuckungen zu größeren Taten anspornten. Die Militärschwesternschaften und die Amazonen machten zusammengenommen weniger als 0,05 Prozent der weiblichen Weltbevölkerung aus. Seit der Krieg weder ihre Heime beschädigt noch ihre Familien ernährt, wollen 99,95 Prozent der Frauen nichts mehr mit ihm zu tun haben. Allerdings halten jüngere Frauen männliche Kämpfer weiterhin für besonders attraktiv.

Seite 35

☞ *Niepe*: Steckrübe.

Seite 38

☞ *Stuhr*: winzige Partikel in einem chaotischen oder aufgerührten Zustand. In *Lament for the Makaris* verwendet Dunbar den Begriff für die Staubwolken, die von kämpfenden Kriegern aufgewirbelt werden. In *To a Mountain Daisy* bezeichnet Burns damit frisch umgepflügte Ackerkrume. Der Begriff kann auch für windgepeitschte Gischt benutzt werden. Die Schotten des zwanzigsten Jahrhunderts verwendeten ihn häufig für den Flaum, der sich in Staubsaugern ansammelt.

Seite 39

☞ *Groombridge, der prüfte, ob ich für die Unsterblichkeit taugte.*

Da tote Eltern und Freunde in unseren Träumen auftauchen und mit uns sprechen, können wir sicher sein, daß wir als Träume in die Köpfe derjenigen zurückkehren, die sich an uns erinnern. Menschen, die andere mit prächtigen Beispielen, Ideen, Geschichten und musikalischen Darbietungen unterhalten, können noch viele Jahre nach ihrem Tod in Gedanken und Taten weiterleben. Dies war die einzige Form menschlicher Unsterblichkeit bis ins einundzwanzigste Jahrhundert, als eine Vereinigung von multinationalen pharmazeutischen Unternehmen (die zur Vermeidung von Steuerzahlungen vorgaben, miteinander zu konkurrieren) eine Verjüngungsmethode fand. Niemand konnte jünger gemacht werden, als er zum Zeitpunkt des Behandlungsbeginns war, aber nach sieben Jahren konnte er in genau den Zustand bei Beginn der Behandlung zurückversetzt werden. Die verjüngten Gehirnzellen hatten also keine Erinnerung an die verflossenen sieben Jahre.

Bis jetzt hat man keine biologische Lösung für dieses Problem entdeckt, das die Wissenschaftler nach Jonathan Swifts Diagnose von 1726 als Struldbrugg-Faktor bezeichnen. Ein Gehirn kann nicht mehr als die Erfahrungen einer normalen Lebensspanne aufnehmen, ohne verwüstet und verzerrt zu werden; deshalb läßt sich die Jugend nur wiederherstellen, indem man biologische Erfahrung ungeschehen macht. Es fand sich jedoch eine technische Lösung für das Problem. Kurz bevor eine Person von dreißig oder vierzig Jahren in den Zustand von dreiundzwanzig oder dreiunddreißig Jahren zurückversetzt wurde, konnte sie eine Zusammenfassung dessen aufzeichnen, was ihre erneuerten Zellen für nützlich befinden mochten. Da die Geschäftsleute und Wissenschaftler, die den Prozeß finanzierten und entdeckten, Informationen höher schätzten als sinnliche Erfahrung, akzeptierten sie die Behandlung, hielten sie jedoch geheim. Im einundzwanzigsten Jahrhundert variierte die Lebensdauer erheblich von Nation zu Nation und von Gesellschaftsschicht zu Gesellschaftsschicht, aber die auf Wettbewerb beruhende Haushaltung sorgte dafür, daß die durchschnittliche menschliche Lebenserwartung für den gesamten Planeten infolge von Unterernährung, Krankheit, Hungersnot und Krieg weniger als vierzig Jahre betrug. Die Konsequenz des Umstandes, daß zahlreiche Menschen nicht starben, wäre selbst für eine wohlhabende Nation katastrophal gewesen.

Unsterblichkeit für viele wurde erst möglich, nachdem extraterrestrischer Lebensraum geschaffen worden war. Mittlerweile hatte die Kraftpflanzen-Haushaltung der Erde wieder eine stabile Ökologie beschert, und die meisten intelligenten Menschen bevorzugten das Sammeln sinnlicher Erfahrungen, anstatt nur Informationseinheiten zu bearbeiten. Zudem war offenkundig geworden, daß Todesfurcht das häufigste Anzeichen für ein unbefriedigtes Leben ist.

Seite 43

☞ *perjink*: schlank, elegant, von adrettem Äußeren.

Seite 47

☞ *Ich hasse Frauen wegen ihrer abscheulichen, selbstgefälligen Sicherheit und weil sie immer älter sind als ich, immer älter und klüger!*

Dieser Wutausbruch gegen die Frauen von Seiten eines Mannes, der sie Männern vorzog, war ein Symptom des sich ausbreitenden Kriegsfiebers.

KAPITEL 3 – KRIEGERWERK

Seite 51

Jorries: kleine Glas- oder Porzellankugeln sowie das Spiel, das Kinder mit ihnen auf ebenem Boden spielen. In Dumbarton heißt es *Jiggies* (von dem Verb *jiggen*, »sich rasch drehen oder hin und her bewegen«) und in anderen Teilen von Schottland *Buhls*. Es sollte nicht mit dem *Buhls*- oder *Bowls*-Spiel verwechselt werden, das Erwachsene mit viel größeren Holzkugeln auf glatten grünen Rasenflächen spielen, wiewohl die Regeln ähnlich sind.

Seite 53

Whaups: Brachvögel.

Seite 54

Das Kriegerhaus war über den kurzen Fluß gebaut, der sich vom Loch of the Lowes in Saint Mary's Loch ergoß.

Dieses moderne Gebäude stand an der Stätte von Tibbie Sheils' Inn, wo James Hogg (Dichter, Romanautor und Gutspächter in Altrieve und Mountbenger) in den ersten Jahrzehnten des neunzehnten Jahrhunderts mit seinen Nachbarn zusammenkam. Eine große Statue des Dichters mit Hirtenstab, Plaid und Schäferhund wurde gegen Ende jenes Jahrhunderts am unteren Hang von Oxcleuch Rig errichtet; sie blickt nun über den Gedächtnisgarten der Ettrick-Veteranen hinweg.

Das Kriegerhaus war Exerzierplatz, Waffenkammer, Kantine, Schlafsaal, Sporthalle, Lazarett, Kino, Bibliothek, Stall, Garage, Jugendherberge, Vereinshaus und Altersheim. Vier unterschiedliche Ränge benutzten es.

1. Die Boys' Brigade. Diese Soldaten von über zwölf Jahren waren in die Armee eingetreten, hatten aber noch keine Schlacht bestritten. Sie verbrachten ein Drittel ihrer Zeit mit Kriegsübungen. Einige besonders Einsatzfreudige widmeten diesen Übungen noch mehr Zeit, doch die meisten nahmen auch gern an anderen Spielen teil.

2. Offiziere. Zwischen den Kriegen verbrachten sie zwei Tage pro Woche damit, die Boys' Brigade auszubilden; an den übrigen Tagen beschäftigten sie sich mit Kampfsport, Studium und Liebesaffären.

3. Veteranen. Offiziere, die des Krieges überdrüssig oder zu alt dafür geworden waren. Ihr Zeitvertreib bestand darin, die Boys' Brigade zu beraten, Bowls oder Karten zu spielen sowie alte Männer und Frauen in ruhigeren Häusern zu besuchen.

4. Diener. Sie hatten eine Begabung für Hausarbeit, waren Kämpfen abgeneigt und zogen die Gesellschaft von Männern derjenigen von Frauen vor. Da sie ihre Liebesaffären miteinander abwickelten, verließen sie das Kriegerhaus nur selten. Der einzige Klassenkonflikt war eine leichte Spannung zwischen Dienern, die der Offiziersmesse zugeteilt waren, und von Heldenverehrung besessenen Kadetten, die manchmal als Kellner arbeiteten.

Seite 56

☞ *Marsch, marsch, Ettrick und Teviotdale* etc.

Abgeleitet von *March, March, Pinks of Election*, einem Lied, das Hogg in seinen *Jacobite Relics* veröffentlichte, ist *Blue Bonnets sind über der Grenze* einer der vielen Liedtexte, die Walter Scott (1771-1852) in seine Romane aufnahm. Das Lied wird von Louis (einem von Julian Avenels Gefolgsleuten) in *The Monastery* gesungen. Vertont mit einer angenehmen Marschmelodie und leicht bereinigt, war es in der späten historischen Ära bei anglophonen Chören so beliebt, daß T. S. Eliot es in *Von der fürchterlichen Schlacht der Pekinesen und Polliklesen* zitiert. Wie bei anderen schottischen Liedern wurde seine lokale Popularität durch die betonte Verwendung von Ortsnamen gesichert.

Seite 63

☞ *Coronach*: ein gälisches Klagelied für die Gefallenen.

Seite 64

☞ *Bogie*: die Aufforderung, ein Spiel abzubrechen, das noch im Gang ist.

Seite 68

☞ *glekkite Samphs*: verantwortungslose Dummköpfe.

Seite 70

☞ *girnen*: durch Zähne jammern oder heulen, die wie zu einem Grinsen entblößt sind.

☞ *duhr*: entschlossen, hart, streng, langweilig, ernst, hartnäckig, unnachgiebig, mürrisch, humorlos, langsam, träge, widerwillig.

☞ *disjaskit*: zerstückelt oder abgetrennt.

Seite 75

☞ *DU GAUK!*: du Blödmann.
☞ *DU DEUTETER GOMERIL!*: du verrückter Idiot.
☞ *DU NJAFF!*: du Kümmerling.
☞ *DU BLIRT!*: du unerwartetes Gewitter; du Regen oder Wind; du kindisches Geschrei; du äußerlich sichtbarer Teil der Genitalien einer Stute.

KAPITEL 4 - PUDDOCKKOMPLOTT

Seite 92

☞ *karnaptiös*: reizbar; streitsüchtig.

Seite 93

☞ *Geheimgesellschaften (wie Regierungen, Börsen, Banken, nationale Armeen, Polizeikräfte, Werbeagenturen und andere Gruppen, die nichts herstellten, was Menschen benötigten) hatten mit der historischen Ära geendet.*

All diese Organisationen existierten, um Geld - das jeder in den letzten Jahrhunderten der historischen Ära benötigte - zu erwirtschaften und zu beschützen. Wat wußte nichts von dem wunderbaren Wert, den riesige Geldsummen für das Leben ihrer Besitzer bedeuteten.

Seite 95

☞ *Die Zeit sich windet in den Wehen. Jede Stunde gebiert 'ne keuchende Wahrheit* etc.

Diese Zeilen stammen von Oliver Wendell Holmes (1809-1894), einem Bostoner Arzt, Anatomieprofessor und Essayisten. 1858 machte ihn sein *Tisch-Despot* durch spielerischen Witz, einen frischen, unkonventionellen Tonfall und Vers-Vignetten berühmt. Die ungeheuerlichen, doch rasch vertraut gewordenen Wahrheiten, die er hier beschreibt, sind die geologischen und biologischen Entdeckungen des neunzehnten Jahrhunderts, die in der Bibel nicht erahnt wurden. Zuerst fürchteten viele, sie würden dem Wort Gottes widersprechen, die organisierte Religion untergraben und die etablierte Autorität umstürzen. Doch innerhalb weniger Jahre wurde deutlich, daß die kirchlichen, politischen und juristischen Bosse so fest etabliert waren wie eh und je und daß industrielle Investitionen durch wissenschaftliche Entdeckungen noch einträglicher wurden.

Seite 96

☞ *Es stammt von einem amerikanischen Richter, der den Faschismus ankündigte.*

Dieses Statement trifft nicht zu. Der Sprecher verwechselt den Arzt und Essayisten des neunzehnten Jahrhunderts mit dessen gleichnamigem Sohn, einem Vorsitzenden des amerikanischen Supreme Court. Dieser verfügte 1927, daß Schwachsinnige der dritten Generation legal sterilisiert werden konnten, und erlebte noch den Aufstieg Hitlers. Der erste O.W. Holmes konnte den Faschismus nicht preisen. Er lebte, als die meisten faschistischen Staaten der Welt europäische Monarchien oder die Kolonien europäischer monarchischer Reiche waren. In jenen Tagen hätte ein Amerikaner solche Staaten nicht als Vorbilder für die USA betrachtet.

☞ *Geh bloß weiter zum Ende des Wegs, geh bloß weiter zum End!* etc.

Wahrscheinlich das bekannteste Lied, das Sir Harry Lauder (1870–1950) aufzeichnete, ein schottischer Müllerjunge und Bergarbeiter, der zu einem der populärsten Music-Hall-Komiker Britanniens wurde. Der unbekümmerte, vorwärtsgewandte Optimismus des Textes und der

Melodie spendete in der Periode zwischen den beiden Weltkriegen vielen Trost. Lauders abgeschmackte Verse und seine Verwendung eines schottischen Tieflandakzents, wobei er einen Hochland-Kilt trug, lösten den besonderen Abscheu des großen Dichters Hugh MacDiarmid aus, der ebenfalls mit einem schottischen Tieflandakzent sprach und häufig einen Hochland-Kilt trug.

Seite 100

☞ *Diese Europäer [des achtzehnten Jahrhunderts] dachten, sie seien sicherer als die imperialen Römer.*

Der Historiker Edward Gibbon (1737–1794) begann sein berühmtestes Buch folgendermaßen:

Im zweiten Jahrhunderte der christlichen Zeitrechnung umfaßte das römische Reich die schönsten Länder der Erde und den civilisirtesten Theil des Menschengeschlechtes. Alter, Ruhm und disciplinierte Tapferkeit bewachten die Grenzen dieser ausgedehnten Monarchie. Der gelinde aber mächtige Einfluß der Gesetze und Sitten hatte die Vereinigung der Provinzen allmälig festgekittet. Ihre friedfertigen Einwohner genossen und mißbrauchten die Vortheile des Reichthums und Luxus. Das Scheinbild einer freien Verfassung wurde mit anständiger Verehrung beibehalten und es hatte das Ansehen, als ob der römische Senat die souveraine Macht besäße, und den Kaisern die ganze vollziehende Gewalt nur übertrüge. Während einer glücklichen Periode von mehr als achtzig Jahren wurde die öffentliche Verwaltung durch die Tugenden und Talente eines Nerva, Trajan, Hadrian und der beiden Antonine geleitet.

Gibbon benutzte absichtlich Formulierungen, die wohlhabende Briten für ihre eigene Nation verwendeten: *civilisiertester Theil des Menschengeschlechtes, ausgedehnte Monarchie, Vereinigung der Provinzen, freie Verfassung* etc. Dann schilderte er, wie die römische Zivilisation langsam und stetig im Laufe von dreizehn Jahrhunderten des Christentums, der deutschen Invasionen und der mohammedanischen Eroberungen zusammenbrach, bis nichts als eindrucksvolle Ruinen und Wörter in Büchern von ihr übrigblieben. Er fand jedoch Unterschiede, die darauf hindeuteten, daß seine eigene Zivilisation gefestigter war. Das Römische Reich sei gescheitert, weil es von einer einzigen Stadt aus regiert wurde: zuerst von Rom, dann von Konstantinopel. Die Zivilisation, der Gibbon angehörte, sei nicht nur britisch, sondern europäisch; sie regiere die Welt von London, Paris, Amsterdam, Kopenhagen, Madrid et cetera aus, also mit Hilfe *vieler* Hauptstädte von Nationen, die zu stark seien, um durch Eindringlinge von außen besiegt zu werden, und zu sehr durch gemeinsame Vorteile verbunden, um einander ernsten Schaden zuzufügen. Einige seien Monarchien, andere Republiken, doch gegenseitige Toleranz und ein intelligentes Wirtschaftssystem seien allen gemeinsam, und ihre Verfügung über Explosivwaffen schütze sie vor Barbaren.

Gibbon schloß seine *Geschichte des Verfalls und Untergangs des Römischen Reiches* im Jahre 1788 ab. Die Französische Revolution begann ein Jahr später und überzeugte ihn, daß die Zivilisation immer nur ein paar kurze Jahrzehnte zwischen Epochen der Barbarei umfassen werde. Darin unterscheidet er sich von Thomas Carlyle, der glaubte, die Menschheitsgeschichte hätte keinen Sinn gehabt, wenn die Französische Revolution NICHT ausgebrochen wäre.

Anmerkung: Die Vorstellung, daß eine Zivilisation, ein Reich oder eine Nation eine wohlhabende Minderheit repräsentiere, der alle übrigen zu dienen hätten, war eine historische Binsenweisheit, wiewohl die Größe der Minderheit schwankte. Hier sind einige ihrer Bezeichnungen: Aristokratie, Kavallerie, Lords, Gentry, Offiziere, Brahmanen, Mandarine, Hof und Armee, Kirche und Staat, Die City, Die Bourgeoisie, Le Monde, Gesellschaft, Die Partei, Die Nomenklatura, Die Managerschicht und (im England des zwanzigsten Jahrhunderts, wo soziale Manipulatoren zu bescheiden waren, um sich zu erkennen zu geben) Die Mittelschicht.

Seite 100

☞ *Unser rationales Utopia wird ebenfalls bald auseinanderkrachen, und du, Wat Dryhope, bist der Pestvirus, der es destabilisieren wird.*
destabilisieren: eine Regierung heimlich untergraben oder zerrütten, um Unruhe oder Kollaps hervorzurufen und dadurch ein Land Außenstehenden verfügbar zu machen, die ihm nicht den Krieg erklärt haben. Im achtzehnten und neunzehnten Jahrhundert gingen zivilisierte Händler so vor, indem sie eingeborenen Stammesangehörigen im Tausch gegen örtliche Produkte Decken gaben, in denen Menschen an Pocken gestorben waren; aber die wirksamste Methode zur Schwächung von Menschen bestand darin, ihre Nahrungsquelle zu vernichten. Nachdem die Regierung der Vereinigten Staaten einen Friedensvertrag mit den zentralamerikanischen Rothautnationen unterzeichnet hatte, baute sie über die Prärien verteilte Forts, um die Einhaltung des Vertrages sicherzustellen. Unterstützt von weißen Siedlern und Jägern, rotteten die Soldaten der Forts dann die Büffel aus, auf die die Indianer für ihre Ernährung angewiesen waren. Indianer, die sich dagegen zur Wehr setzten, wurden mit Flinten und Maschinengewehren getötet, da sie den Vertrag brachen. Die hungernden Überlebenden – hauptsächlich Frauen und Kinder –

mußten in den Forts um Lebensmittel betteln und erhielten kleine Mengen unter der Voraussetzung, daß sie in weniger fruchtbare Gebiete zogen - Gebiete, die der weiße Mann nicht haben wollte, bis einige Jahrzehnte später dort Öl entdeckt wurde.

Im zwanzigsten Jahrhundert führten reiche Handelsgesellschaften mit Hilfe von Bestechung, finanzieller Manipulation und erlogenen Medienberichten den Sturz gewählter Regierungen in Südamerika und Asien herbei. Sie wurden unterstützt von Regierungen, die sie bereits bestochen hatten. Da diese Regierungen dem Namen nach demokratisch waren, wurde die Unterstützung überwiegend von *geheimen* Informationsnetzen geleistet.

Der Virus, den Delila Puddock zur Destabilisierung der modernen Welt benutzte, wurde auf dem Asteroiden K20 entwickelt; er sollte die Vorteile aller früheren Methoden miteinander verbinden. Es handelte sich um eine normalerweise harmlose Spielart der Erkältung, die sie durch Geschlechtsverkehr an Wat weitergab, nachdem sie sein Immunsystem durch Drogen geschwächt hatte. Der Virus war so ansteckend, daß er einige Stunden später auf fast alle übertragen wurde, mit denen Wat sprach oder die ihm die Hand schüttelten. Er hatte kaum irgendwelche wahrnehmbaren Auswirkungen auf die menschliche Gesundheit, doch er beherbergte einen Nanomechanismus, der aktiv wurde und sich vervielfältigte, wenn er eine Kraftpflanze berührte; danach machte er die Fähigkeit der Pflanze zur Photosynthese allmählich zunichte. Die Erfinder dieser Seuche erhofften sich folgende Resultate:

1. den Tod der Kraftpflanzen der halben Welt innerhalb einer Woche. Haushalte, die sie benutzten, würden keine Nahrung haben - abgesehen von dem, was sie auf dem

Gemeindeland anbauen oder erlegen konnten. Die Menschen würden nicht nur hungern, sondern auch auf Wärme, Beleuchtung, Kläranlagen und Müll-Recycling verzichten müssen.

2. Dadurch, daß sie bei nichtinfizierten Nachbarn um Hilfe nachsuchten, würden sie die Krankheit weiterverbreiten. Sobald man dies in den Haushalten nichtinfizierter Bezirke begriff, würde man die Ansteckung einzudämmen versuchen, indem man Grenzen einrichtete und den Hungernden verbot, sie zu überschreiten. Dies würde die Gemeindeländer isolieren, alle Reisenden zu gefürchteten und verfemten Personen machen und die Menschheit wieder in hoffnungslose Arme und egoistische Wohlhabende unterteilen.

3. Die Grenzen würden von Soldaten verteidigt werden, die Schußwaffen, Granaten und Bomben forderten, damit sie sich nicht in Nahkämpfen infizierten. Man würde die Waffen bei häuslichen Kraftpflanzen bestellen, den Heimen in den nichtinfizierten Bezirken dadurch für selbstverständlich gehaltene Gegenstände entziehen und Frauen unter Militärherrschaft stellen. Generale würden weltweite Bündnisse bilden, um die armen Haushälter in die Schranken zu weisen. Mithin würde eine strenge Militärpatriarchie die sanfte Matriarchie als Regierungssystem ablösen.

4. Das Rote Kreuz würde versuchen, Aktionen gegen die Hungersnot unter Mitarbeit des Offenen Informationsnetzes zu organisieren, doch es würde an der Größe des Problems scheitern. Das Informationsnetz würde bald Sämlinge einer gegen die Seuche immunen Kraftpflanze heranzüchten, doch da man diese unter militärischer Kontrolle verteilen wollte, würde die dominierende Offiziersschicht in gesunden Bezirken zuerst ihre eigenen Kraftpflanzen durch immune Exemplare ersetzen und aus

Sicherheitsgründen jegliche Hilfe für die Mittellosen auf unbestimmte Zeit verschieben.

5. Kraftpflanzen brauchen wenigstens dreißig Jahre, um die erforderliche Größe für die Haushaltsversorgung zu erreichen, und lange vorher würde die neue Herrscherschicht jede umfassende Ausweitung des friedlichen Wohlstandes als klägliche Nivellierung, als Fehlschlag von Recht und Ordnung betrachten. Wie alle Patriarchate würden sich die neuen Herrscher Ehefrauen und Mätressen zugelegt haben, die ihre Privilegien an ihre Kinder weitergeben wollten. Zu diesem Zweck würden sie den Mangelzustand verlängern, denn dieser gestattete ihnen, sich über alle übrigen zu erheben. Die Patriarchen würden deshalb Kraftpflanzen auf Besitzungen anbauen, die sie aus dem Gemeindeland ausgegrenzt hatten, einige der Armen dazu anstellen, die übrigen fernzuhalten, und sie mit Lebensmitteln und gelegentlichen Luxusartikeln bezahlen. Unter solchen Bedingungen würde es bald möglich sein, die Welt wieder auf einer monetären Grundlage zu regieren.

6. Chaotische Geschichtsperioden werden gewöhnlich von scheußlichen Egoisten dominiert. Alexander der Große, Augustus Cäsar, Wilhelm der Eroberer, Tamerlan, Heinrich VIII., Iwan der Schreckliche, Friedrich der Große, Napoleon, Bismarck, Stalin, Mussolini, Hitler, Thatcher wären harmlos gewesen, wenn vernünftige Leute sie wie ihresgleichen behandelt hätten. Aber in historischen Zeiten, die auf Konkurrenz beruhen, wird Vernunft verschmäht. Reiche wie Arme wünschen sich Führer, Die Göttlichkeit, Das Schicksal, Die unnachgiebige Realität verkörpern; deshalb erweisen viele denjenigen unbedingten Gehorsam, die solche Rollen am besten spielen können. Delila Puddocks Clique von Verschwörern sonnte sich in ihrem wahnsinnigen Egoismus. Sie waren davon

überzeugt, daß ihre Langlebigkeit und ihre Vorkenntnis der Ereignisse sie zu Herrschern einer neuen historischen Ära machen würden.

Seite 103

☞ *Der muntre alte Tag nun nahet wieder* etc.

Dies ist ein Vers aus einer Ballade, die Charles Dickens im August 1841 in The Examiner veröffentlichte. Es ist die Parodie eines beliebten rechtsgerichteten Liedes. Hier ist der vollständige Text:

DER GUTE ALTE ENGLISCHE GENTLEMAN
(Neue Version, bei allen konservativen Diners
zu rezitieren oder zu singen)

Ich sing' euch 'ne neue Ballade, und die ist sicher voller Witz,
Von den Tagen des alten Gentlemans,
der hatte den alten Besitz;
Als man des Staates Gelder ausgab
noch schneller als der Blitz
Für alle Huren, Kuppler, Gauner auf edlem Familiensitz,
In den guten alten Tory-Zeiten,
Kämen sie doch bald zurück!

Die guten alten Gesetze warn geziert
mit Galgen, Peitschen, Ketten,
Mit guten englischen Strafen
und guten englischen Manschetten,
Mit Rebellenköpfen, schäumend' Blut
und Rebellenskeletten,
Denn all das war dazu bestimmt,
die reichen Gewinne zu retten
Der guten alten Tory-Zeiten,
Kämen sie doch bald zurück!

Wie Argus hatte hundert offne Augen
dies wack're alte Gekritzel,
Und jeder englische Bauer
hatte seine guten englischen Spitzel,
Die dämpften Hunger und Murren
mit altem englischen Gewitzel,
Zur Ruhe mahnten die guten Knechte
mit ihrem ew'gen Gekitzel,
In den guten alten Tory-Zeiten,
Kämen sie doch bald zurück!

Die guten alten Zeiten zum Schnitt von Kehlen,
die schrien vor Not,
Die guten alten Zeiten zur Jagd auf Männer,
die folgten ihrer Väter Gebot,
Die guten alten Zeiten, da William Pitt,
sagt' jeder gute Mann devot,
Kam her direkt vom Paradies wie mit 'nem Himmelsboot.
Oh, die guten alten Tory-Zeiten,
Wann kommen sie zurück!

In jenen tollen Tagen die Presse kaum je kreischte oder bellte,
Sondern wie eine Lerche lieblich sang von
mächt'gen Männern ohne Schelte;
Nicht mal den weisen Richtern sich ihr böses Tun erhellte;
Und unter Hunderten fast keiner sein Zeichen richtig stellte.
Oh, die guten alten Tory-Zeiten,
Bald kommen sie vielleicht zurück!

Es warn die Tage für Steuern, für des Krieges Höllentaten,
Für Mangel an Brot, das sich feine Matronen erbaten,
Fürs Einsperrn - konnten hinter Gitter grinsen -
mancher Literaten,
Weil sie nicht glaubten, der Prinz sei sehr dünn geraten,

In den guten alten Tory-Zeiten,
Bald kommen sie vielleicht zurück!

Doch Toleranz, zwar langsam nur, ist dennoch voller Kraft;
Daß Nacht fällt über jene Tage einst - es war unzweifelhaft.
Der reine alte Geist sich müht',
doch sein Mühen dann erschlafft';
Die Nation ergriff ihn, und er starb ganz schauderhaft
Mit den guten alten Tory-Tagen
Aus der alten Zeit.

Der muntre alte Tag nun nahet wieder;
der Ruf geht durch das Land,
In England teures Brot soll sein,
in Irland Schwert und Brand;
Armut und Ignoranz solln
nützen dem, der reich und elegant,
Hin also zu den Herrschern mit der sanften Eisenhand
Der guten alten Tory-Tage,
Ein Hoch der kommend' Zeit!

KAPITEL 5 - DIE HÜHNERFRAU

Seite 109

☞ *Pausudie*: Hammelkopfbrühe
☞ *Drummock*: ungekochte Hafergrütze mit Milch.
☞ *Kebbuck*: hausgemachter Käse.
☞ *Farle*: ein dreieckiger Hafer- oder Gerstenmehlkuchen.

Seite 116

☞ *Der Herd war ein Aga.*

Aga war der Markenname eines gußeisernen Herdes, der im zwanzigsten Jahrhundert hergestellt wurde. In ihm konnte man außer Kohle, Holz oder Torf auch Haushaltsabfälle verbrennen, und er war eine sparsame Wärmequelle für häusliche Zwecke.

Seite 117

☞ *Wir alle sollten Gangrels sein.*

Kittocks Glaube an die Überlegenheit besitzloser Menschen mag an die romantische Verirrung erinnern, die in Balladen wie *Johnny Faa* und *Die abgerissenen Zigeuner* besungen wird. Er wurde auch von Griechen, Juden, Frühchristen, Mohammedanern, Buddhisten, Hindus, Jean-Jacques Rousseau, George Borrow und vielen anderen gepflegt, die der Meinung waren, das Naturrecht sei unvereinbar mit staatlichen Gesetzen, und das Wesen einer Erde, die uns ernährt, stehe im Widerspruch zu Eigentümern, die deren Bewohner - häufig auf mörderische Weise - vertreiben.

Seite 118

☞ *Wheen*: mehrere; einige; eine Zahl, die hinreicht, wenn man sie billigend nennt, und die unzureichend ist, wenn sie mißbilligend erwähnt wird.

Seite 122

☞ *Die Männer tauschten Tabaksbeutel aus.*

Dieser Brauch begann im siebzehnten Jahrhundert, als so viele europäische Staaten Tabak importierten, daß jeder Raucher eine Lieblingssorte hatte, aber es für freundschaftlich und interessant hielt, sich andere Sorten anbieten zu lassen und davon zu probieren.

☞ *[Die Männer] diskutierten, ob zehntausend Jahre Zivilisation wegen ihrer Habgier und Grausamkeit finsteres Mittelalter genannt werden sollten oder nur Mittelalter, weil in ihnen auch einige prächtige Dinge vollbracht worden seien.*

Der Brauch, die Vergangenheit in leicht zu etikettierende Abschnitte zu unterteilen, ist so alt wie das Denken. Auf diese Weise erhält man einen kurzen Abriß der Menschheitsgeschichte.

PRÄHISTORISCHE Menschen spalteten die Zeit in zwei Bestandteile: in die Traumzeit oder die Tage der Götter, als Erde, Himmel, Tiere und die ersten Menschen geschaffen wurden; und in die Menschheitszeit, die sich daran anschloß. Sie glaubten, daß die frühere Zeit ewig sei, daß Götter im Himmel, in der Umgebung und unter der Erde auch künftig die Wiederkehr der Sonne und der Jahreszeiten und der menschlichen Generationen bewirkten. Bevor die Zivilisation solche Menschen auslöschte, erschien ihnen die Vergangenheit als eine ständig erneuerte Gegenwart, die durch ihre Kinder unaufhörlich verlängert wurde.

ÄGYPTEN UND CHINA waren die am längsten bestehenden Nationen der historischen Ära, und beide existierten, weil sich Bauern auf fruchtbaren Ebenen zusammengetan hatten und große Bewässerungssysteme miteinander teilten. Beide Nationen hatten Armeen, die sie vor plündernden Gangrels schützten, eine Beamtenschicht (Priester oder Mandarine), die sie verwalteten, und einen Großgrundbesitzer (Pharao oder Sohn des Himmels), der das Ganze vereinte. In beiden Nationen erfanden die Beamten eine Bilderschrift, und da sie keine Aufzeichnungen über frühere Zeiten führten, konnten sie ihren Staat mythologisieren. Sie lehrten, daß der eine Grundbesitzer, seine Aufseher und Steuereinnehmer Verkörperungen und Beauftragte von Göttern seien, die das Universum geschaffen hätten. Dies bedeutete, daß jeder andere ihnen für immer zu dienen habe. Die Vergangenheit war in Perioden geteilt, die man nach dem jeweils regierenden Pharao oder Sohn des Himmels benannte.

GRIECHEN UND HINDUS spalteten die Vergangenheit in vier Teile:

1. das Goldene Zeitalter, als sich die Menschen mit dem Sammeln von Nahrung begnügten, statt sie anzubauen, und ein Klima herrschte, das ihnen gestattete, ohne Kleidung und Behausungen zu leben.
2. das Silberne Zeitalter, eine kältere Epoche, in der sie begannen, in Höhlen und dichtem Gesträuch zu leben, den Boden zu bestellen und Tiere zu zähmen.
3. das Bronzene Zeitalter, als sie Siedlungen gründeten, deren Bewohner einander hin und wieder überfielen.
4. das Eiserne Zeitalter, als Städtebau, Flottenbau, Handel, Kriegführung und jedes gesellschaftliche Laster in gewaltigem Umfang praktiziert wurden. Da das Eiserne Zeitalter modern war und die Griechen ihm angehörten,

sahen sie die Geschichte als Abstieg. Die Griechen wußten nicht, wie sie enden würde. Die Hindus glaubten, die vier Zeitalter fügten sich zu einem einzigen Großen Zeitalter zusammen, das sich ewig wiederhole, wobei jedes Eiserne Zeitalter ins Chaos abstürzte, bevor ein neues Goldenes Zeitalter aufkam.

DIE RÖMER unterteilten die Geschichte ebenfalls in vier Phasen: die Zeit der Götter und Helden, die Rom gründeten, das römische Königreich, die römische Republik, das römische Kaiserreich. Nach dem Königreich hielten viele wohlhabende Römer jeden dieser Zustände für eine Verbesserung gegenüber dem vorhergehenden, betrachteten ihre Geschichte also als einen beständigen gesellschaftlichen Anstieg. Augustus, der erste Kaiser, schätzte diesen Gedanken besonders und veranlaßte Dichter, ihn zu preisen. Diese progressive Geschichtsbetrachtung wurde später durch die Offiziersschicht von Imperien übernommen, die zu jung waren, um behaupten zu können, daß sie schon immer existiert hätten.

DIE JUDEN hatten eine Geschichtsschreibung, die für eine Vereinfachung zu ausgeklügelt war, denn ihre Datierung begann mit der Erschaffung der Welt. Diese Geschichtsschreibung schilderte, wie die Ahnen einen Garten der Glückseligkeit verloren, in dem sie nackt und ohne Mühsal gelebt hatten, wie sie erst Nomaden und Schafhirten, dann Gastarbeiter, Sklaven, Einwanderer, Invasoren, Eroberer, Bauern und städtische Ausbeuter wurden, bis das Babylonische, das Griechische und das Römische Reich sie wiederum versklavten, kolonisierten und in alle Welt zerstreuten. Um diese unendliche Geschichte erträglich zu machen, bezeichneten die Rabbiner sie als eine rauhe Zwischenepoche zwischen dem guten Garten, in dem die Menschheit einst glücklich war, und der glücklichen jüdischen Stadt, die Gott für die Zukunft vorbereite. Um das Jahr 30 A.D. erklärte der Rabbi Jesus, daß die gute künftige Stadt für alle bestimmt sei, die Gott liebten, selbst wenn sie vorher stürben. Diese Geschichtsbetrachtung wurde bei Sklaven, Frauen, Arbeitern und anderen römischen Untertanen populär, die das Reich nicht für ein System unablässiger Verbesserungen hielten. Römische Statthalter verfolgten die Christen als Aufrührer, bis das Reich unter seinem eigenen Gewicht zusammenzubrechen begann.

DAS OFFIZIELLE CHRISTENTUM. Im vierten Jahrhundert n. Chr. erkannte Kaiser Konstantin den Wert einer Geschichte, die der Menschheit eine glückliche Zukunft versprach, solange sie die Verwaltung der Gegenwart Grundeigentümern wie ihm selbst überließ. Er machte das Christentum zur Reichsreligion, womit die Zeit offiziell erneut in vier Epochen geteilt wurde:

1. in den prähistorischen, glücklichen göttlichen Garten, wo das Leben gut begann, aber aus den Fugen geriet.
2. in die Geschichte ohne Hoffnung, vor Christus.
3. in die Geschichte voller Hoffnung, nach Christus.
4. in die posthistorische glückliche, göttliche Stadt, in der sich die Hoffnungen erfüllen (wenn man Gott so liebt, wie es die Herrscher und die Priesterschaft vorschreiben).

Diese christliche Zeiteinteilung hielt mehr als zweitausend Jahre an, doch als Hungersnot und Verwaltungskollaps die Gegenwart unerträglich werden ließen, rebellierte die Mehrheit gegen ihre Priester und Grundeigentümer und verlangt sofort ein Stück Himmel.

DIE RENAISSANCE. Um 1400 A.D. prosperierten einige italienische Republiken und Herzogtümer durch den Handel mit Asien und Europa so sehr, daß sie wieder auf die römische Vorstellung zurückgriffen, die Menschen könnten ihre Gemeinschaft mit Hilfe von Intelligenz verbessern. Spätere Historiker bezeichneten diesen Rückgriff als Renaissance und teilten die Zeit nun folgendermaßen ein:

1. das Altertum: sämtliche Geschehnisse, bevor das Christentum zur römischen Reichsreligion wurde.

2. das Mittelalter: sämtliche Geschehnisse zwischen dem Altertum und der Renaissance; eine bessere Zeit als das Altertum, weil sie Europa christlich werden ließ.

3. die Neuzeit: sämtliche Geschehnisse nach dem Mittelalter, doch besser als dieses, denn mit dem christlichen Glauben an die Zukunft wurden moderne Europäer zu Wissenschaftlern, die die Weisheit der Gegenwart ständig erweiterten, zu Künstlern, die den Bestand an schönen Dingen unaufhörlich vergrößerten, und zu Kaufleuten, die seltene Güter aus jedem Kontinent der Welt herbeibrachten. Einige Historiker waren so zufrieden mit ihrem Teil Europas, daß sie meinten, die Geschichte habe einen dauerhaften Zustand der Vollkommenheit erreicht. Bischof Bossuet glaubte dies vom katholischen Frankreich des siebzehnten, ebenso wie es die französischen Revolutionäre vom egalitären Frankreich des achtzehnten und Professor Hegel vom protestantischen Preußen des neunzehnten Jahrhunderts glaubten.

DER MARXISMUS. Doch sogar in solchen Staaten waren manche Menschen von sozialen Verbesserungen ausgeschlossen. Viele der Reichen unterhielten verschwenderisch zwei oder drei riesige Häuser, während Arbeiterfamilien in ein oder zwei Zimmern wohnten. Gutseigentümer ließen große fruchtbare Parks unbebaut, während Bauern ihnen eine Pacht für das Recht zahlten, Kartoffeln aus steinigem Boden herauszukratzen. Die fleißigsten Arbeiter wurden besteuert, um Kriege zu finanzieren, die die Reichen unverletzt ließen und den Armen keinen Nutzen brachten, es sei denn, ein Soldatensohn kam mit Beute heim, die eine Entschädigung für seine Wunden darstellte. Die Entwicklung industrieller Fabriken bereicherte mehrere neue Gesellschaftsklassen, ließ jedoch eine genauso große Zahl verarmen. 1867 schlug Karl Marx eine neue Zeiteinteilung vor:

1. Urkommunismus, in dem die Gemeinschaften so klein sind, daß die meisten Familien eine Stimme im regierenden Gremium haben und deshalb selten erheblich ärmer sind als ihr reichster Nachbar.
2. Klassenkampf, in dem große Staaten durch kleine Vereinigungen von Eroberern, Schriftgelehrten, Grundeigentümern, Fabrikbesitzern, Geschäftsleuten und/oder Geldverleihern beherrscht werden. Diese Vereinigungen bewahren ihre Macht und ihre riesigen Einkommen durch die ständige Erzeugung von Armut in der Unterschicht.
3. Weltkommunismus, in dem die Unterschicht eigene Vereinigungen bildet, ihren Gebietern Land und Fabriken abnimmt und diese zu ihrem eigenen Nutzen verwaltet, woraufhin sich die enteigneten Oberschichten ihr anschließen müssen, Reichtum und Armut durch eine gerechte Aufteilung der Güter verschwinden und alle Staaten absterben.

Dies ähnelte der jüdischen und christlichen Zeiteinteilung, indem es Hoffnung für die Zukunft versprach, wiewohl die Zukunft nicht durch Gott, sondern durch menschliche Bemühungen geschaffen werden sollte. Viele Arbeiter und arme Handwerker in maschinenproduzierenden Nationen bildeten dann Gewerkschaften, um ihre Lebensbedingungen zu verbessern. In einigen Staaten gründeten sie politische Parteien, die ihnen bei diesem Vorhaben halfen.

Im Jahre 1914 zog eine durch Inzucht entstandene Clique von Eignern, der das Russische Reich zugefallen war, in den Krieg. Sie befehligte ein gewaltiges, gehorsames, zum Wehrdienst verpflichtetes Volk, konnte es jedoch nicht mit genug Lebensmitteln, Stiefeln und Kugeln versorgen, um die kleineren Armeen von industriell leistungsfähigen Nachbarn zu besiegen. Dadurch kam es zu einem Arbeiteraufstand. Eine Clique von Marxisten der Mittelschicht eilte zurück nach Rußland und ergriff im Namen des Weltkommunismus die Macht. Die neue Clique schuf eine Parteidiktatur, die ihre Privilegien nicht mit anderen Russen teilte und vor dem Ende des Jahrhunderts infolge ihrer gebrochenen Versprechen abstarb.

DER POSTMODERNISMUS begann, als Grundeigentümer, Geschäftsleute, Makler und Banker, die den Rest der Welt besaßen, neue Technologien eingesetzt hatten, um die Macht der Arbeitergewerkschaften zu zerstören. Wie die Eigner aus früheren Imperien glaubten sie, daß die Geschichte beendet sei, weil sie und ihresgleichen nun die Welt für immer dominieren könnten. Diese Gleichgültigkeit gegenüber dem Wohlbefinden und dem Geschmack der meisten Menschen kam in der modischen Kunst der Vermögenden zum Ausdruck. Kritiker nannten ihre Epoche *postmodern*, um sie von der modernen Welt abzugrenzen, die durch die Renaissance eingeleitet worden war, als die meisten schöpferischen Denker geglaubt hatten, ihre Gemeinschaft verbessern zu können. Die Postmodernisten hatten kein Interesse an der Zukunft, denn sie erwarteten von ihr nur eine amüsante Neuordnung von Dingen, die sie bereits kannten. Der Postmodernismus überlebte die Katastrophen nicht, die durch die »konkurrierende Ausbeutung menschlicher und natürlicher Ressourcen« im einundzwanzigsten Jahrhundert ausgelöst wurden.

DER MODERNISMUS entwickelte sich, als Haushalte zu den größten Regierungseinheiten auf der Erde und Satellitengenossenschaften zu den größten außerhalb der Erde wurden. Wiederum teilte man die Zeit in drei Phasen:

1. Vorgeschichte, bevor die Menschen in Städten lebten.

2. Geschichte, als eine wachsende Zahl in Städten lebte und als Stadtkulturen das Familienleben überall maßgeblich beeinflußten.

3. Moderne, als das Offene Informationsnetz und Kraftpflanzen Städte, Nationen, Geld und industrielle Macht veralten ließen.

Die Einfachheit unserer modernen Zeiteinteilungen verleitete viele dazu, die Geschichte als ein beschwerliches Intervall zwischen prähistorischen Stammesgemeinschaften und modernen Genossenschaften zu behandeln. Andere wollten die historische und die prähistorische Epoche mit Hilfe eines neuen Kalenders zusammenfassen, der vom Beginn der Moderne datierte, aber sie konnten sich nicht über die Festlegung des ersten Jahres einigen. Gurus des Offenen Informationsnetzes erklärten, die neue Ära habe begonnen, als die Regierung der Vereinigten Staaten in den 1980ern das staatliche Erziehungssystem von Montana an eine frühe Variante des Netzes abtrat. Andere sehen den Zeitpunkt im einundzwanzigsten Jahrhundert, als die erste moderne Kraftpflanze auf einer japanischen Halbinsel synthetisch eine Schüssel Reis, ein Samurai-Schwert und einen perfekten Hokusai-Holzschnitt herstellte; oder als die erste unabhängige Kraftpflanzengemeinschaft in einem israelischen Kibbuz oder in Salt Lake City oder im Vatikan Wurzeln schlug; oder als die Islamische Liga anfing, Kraftpflanzen an jede mohammedanische Nation der Erde zu verteilen; oder als das Offene Informationsnetz eine Übereinkunft mit Japan bekanntgab, die ihm gestattete, an jeweils sechzig Personen überall auf der Welt eine Kraftpflanze zu verkaufen, wenn sie einen dafür geeigneten Grundbesitz hätten.

Ich werde diese viel zu lange Anmerkung abschließen, indem ich Pat O'Rafferty zitiere, einen Guru, der dem Offenen Informationsnetz unbekannt ist, da er nur Freunden ins Ohr spricht: *Die moderne Haushaltung und die moderne Gangrelei erwuchsen aus mehr als zweitausend Jahren, in denen sich anständige Menschen bemühten, nach Jesu Ratschlag zu leben: so zu handeln, wie sie selbst behandelt werden wollten, nicht so, wie die Magnaten und Regierungsbeamten mit ihnen umsprangen. Die Tatsache, daß Buddha (ehemals ein Erb-Magnat) und Konfuzius (ein ehemaliger Regierungsbeamter) Jahrhunderte vor Jesus zu dieser Erkenntnis kamen, beweist, daß auch sie Gottes liebe Söhne waren. Kalender wurden erfunden, damit wir Verabredungen miteinander einhalten können. Wer sie benutzt, um uns von den Heerscharen der Toten abzutrennen, handelt wie jemand, der mit einem Feuer eine Bibliothek niederbrennt, anstatt sie damit zu heizen.*

Seite 127

Die Moderatoren des Öffentlichen Auges und die Telecom-Gurus und Befehlshaber, die nun in Sendungen auftreten, scheinen alle ein Teil ihres Komplotts zu sein, aber ich bin es auch.

Die Epidemie militärischer Begeisterung, die dem Unentschieden zwischen Ettrick und Northumbrien folgte, war eine weltweite männliche Reaktion auf die umfassende Kompetenz der Frauen, die Männer nur noch als Befruchter benötigten. Es ist unmöglich abzuschätzen, welchen Schaden diese Epidemie angerichtet hätte, wäre sie nicht von einer anderen unterbrochen worden. Die militärische Gefahr war von den Verschwörern nicht geplant worden. Sie versuchten nur, davon zu profitieren - zum Glück für die Menschheit.

Seite 130

Über Urgroßmütter: *Ihr Klatsch ist seit mehr als einem Jahrhundert die einzige Regierung und die einzige Polizei, die die Welt braucht.*

Unter modernen Menschen hatten alte Frauen mit ihrer sehr ruhigen, gesunden Intelligenz am meisten Muße, Neuigkeiten über ihre Familien zu erörtern und auszutauschen: über Familien, deren Gesamtzahl (wenn man die Gangrels nicht mitrechnet) die Menschheit ausmachte. Sogar liebevolle Familien brachten Personen hervor, die das Leben nur ertragen konnten, wenn sie die Welt änderten oder eine andere entdeckten. Ein Dichter nannte diesen Zustand *göttliche Unzufriedenheit*, weil gute neue Dinge von solchen Unzufriedenen gemacht oder entwickelt werden. In historischen Zeiten wurden viele potentielle Macher und Entdecker jedoch durch Mißachtung in Verbrechen und Wahnsinn getrieben oder in jenen legalen Kompromiß zwischen den beiden: den gnadenlosen Wettbewerb um Macht und Eigentum. In der modernen Zeit stellten die Urgroßmütter sicher, daß niemand vernachlässigt wurde, indem sie ihren Töchtern und Enkelinnen Nachrichten und Vorschläge übermittelten, mit deren Hilfe sogar die Einsamsten und Verzweifeltsten Freunde gewannen und ihre Chancen nutzten. Diese Nachrichten gelangten nur durch Bemerkungen von Tanten, Schwestern oder Geliebten zu den Männern; deshalb ahnten die meisten Kämpfer - genau wie Wat - nichts von der Macht der Großmütter.

Nachdem man Wat zum Zirkus mitgenommen hatte, rannte Kittock sofort ins Dryhope House und erklärte den Uromas, weshalb die Sache gefährliche Folgen haben könne. Während er auf einer Wiese in Selkirk Leuten aus sechs Kontinenten die Hand schüttelte, begannen die alten Frauen eine weltweite Ermittlung, die das gesamte Sonnensystem umfaßte. Sie fing mit Omas und Müttern an, und bezog schließlich jeden ein, der etwas über Meg Mountbenger und ihre Kollegen wußte. Die Ermittlung dauerte fünfzehn Stunden, und die Frauen, die sie durchführten, machten wechselweise Nickerchen.

Unterdessen sah sich Wat mit einer Mischung aus Langeweile und Verlegenheit eine schöpferische Evolutionsoper mit dem Titel *Hommage an Ettrick* an. Die Ouvertüre war ein Feuerwerk; es repräsentierte die Explosion, die das Universum schuf und die Entstehung der Arten bewirkte. Wat warf einen Blick auf das Programm und sah, daß vier Akte folgen würden, die die heroische, die religiöse, die industrielle und die moderne Periode darstellten. Er schlief nach der Hälfte der heroischen Periode ein und wurde gegen Ende der modernen durch einen Stupser von General Shafto geweckt. Lulu Dancy projizierte eine Luftspiegelung seiner letzten Schlacht auf den Abendhimmel. In einer Pause nach einem Crescendo von Orgel-, Trompeten- und Dudelsackgeschmetter sang ein russisch-orthodoxer Kirchenchor: »Kapituliert ihr?«, und Wat sah einen kilometerhohen bunten Schatten seiner selbst ein prächtiges »Nein!« ausstoßen, einen anderen Schatten erstechen und in den Ball der aufgehenden Sonne hinuntertauchen; er folgte einem glänzenden goldenen Adler, der ein Banner wie einen Kometenschweif hinter sich herzog.

Dann kam das Frühstücksbankett, das in einem großen Zelt serviert wurde, mit weiteren Reden, Schulterklopfen, Küssen von den Frauen auf Besuch weilender Soldaten,

Glückwünschen und Trinksprüchen. Neben seinem Ehrenplatz saß Meg-Delila-Lulu in einem Seidenkleid, so scharlachrot wie ihr Lippenstift. Es schien unmöglich, mit ihr zu sprechen, aber sie füllte sein Glas immer wieder mit Champagner und bedachte ihn mit so liebevoll schelmischen Blicken, daß er sie verwirrt und erstaunt anschaute und kaum jemand anderen zur Kenntnis nahm. Kurz bevor das Frühstück endete, flüsterte sie: »Ich bin gleich zurück«, stahl sich fort und blieb verschwunden. Sie wurde nie wieder von jemandem gesehen, der zugab, sie zu kennen. Eine Stunde später flogen die ausländischen Gäste nach Hause, während Wat, zum erstenmal in seinem Leben betrunken, auf der Suche nach Meg Mountbenger zwischen den Zirkuswohnwagen randalierte und mit Gewalt drohte. Er wurde von Archie Crook Cot und der Boys' Brigade überwältigt und zum Ettrick-Kriegerhaus getragen. Dort traf er bewußtlos ein.

Am Mittag hatten die alten Frauen dem Offenen Informationsnetz folgendes mitgeteilt: Meg Mountbenger, zwei Mitarbeiter des Öffentlichen Auges und die drei Biologen im Mond-Clavius-Labor waren die K20-Clique, die Haldane ermordet hatte. Sie waren immer noch von moralischer Dummheit, denn sie hatten engen Kontakt miteinander gehalten, während sie das Gegenteil vortäuschten. Indem sie ungeheure Mengen öffentlicher Energie einsetzten und Wat Dryhope dann betäubten, hatten sie ihn mit einem harmlos scheinenden, äußerst ansteckenden Virus infiziert, der auf alle übertragen werden konnte, die mit ihm sprachen. Dieser Virus mußte etwas Unheilvolleres in sich bergen, denn sonst gab es keinen guten Grund für seine Verbreitung.

Infolge dieser Mitteilung wurde Wat von einem Wissenschaftlerteam besucht, das ihn zu einem rasch improvisierten Quarantänelazarett und -labor auf dem Ben Nevis brachte. Doch bevor die Wissenschaftler den Nanomechanismus isolierten, war sein Zweck bereits erkennbar geworden. In Dryhope House begann die Kraftpflanze zu würgen und zu ächzen, der Stiel wurde grau und fleckig, verlor seine Transparenz und seine Synthesefähigkeit und zerbröckelte schließlich vom Wipfel her zu Staub. Ein paar Stunden später ereilte diese Seuche die Häuser von fast allen, die Wat selbst oder Menschen in seiner Umgebung nahe gekommen waren. Überall auf der Welt starben die Zentren von Licht, Wärme und Ernährung ab. Das einzigartige Wissen dieser Regionen - Musik, Geschichte und Ortskunde - blieb nur in der Erinnerung der Lebenden und in einigen alten Büchern erhalten, die hauptsächlich von Gangrels gelesen wurden. Mittlerweile entdeckten Biologen, daß die Ausbreitung der Seuche zwar durch Quarantäne verlangsamt, aber nicht völlig gestoppt werden konnte. Tiere und windgepeitschter Staub von den welkenden Kraftpflanzen konnten den Virus übertragen.

Aber es kam nicht zu der weltweiten Panik und dem Rückfall in die Barbarei, die die Verschwörer erwartet hatten, teilweise deshalb, weil Handcoms nicht von örtlichen Energiequellen abhängig waren, weshalb alle im Informationsnetz blieben. Keine militärische Aktion mit dem Zweck, Häuser unter Quarantäne zu stellen, wurde erwogen oder benötigt. Infizierte Familien stellten sich selbst unter Quarantäne. Die nichtinfizierten erhöhten die Nahrungsmittelproduktion ihrer Kraftpflanzen auf ein Maximum, während sie ihren eigenen Verzehr auf ein Minimum beschränkten; der Überschuß wurde von Flugzeugen für die benachteiligten Familien abgeworfen. Da dies nur eine Behelfsmaßnahme sein konnte, während sich der Virus weiterverbreitete, und da einige Zeit vergehen würde, bevor man eine seuchenresistente Kraftpflanze zu züchten vermochte, nutzten die Männer ihre militärische Disziplin, um Feldfrüchte anzubauen, Wind- und Wassermühlen für den örtlichen Energiebedarf zu errichten, Fischereiflotten zu bauen und zu bemannen. Glücklicherweise wimmelte es in den Ozeanen so sehr von Leben wie zu prähistorischen Zeiten, denn seit mehr als einem Jahrhundert hatten nur Sportler in ihnen gefischt. Der Enthusiasmus, mit dem sich die Männer solchen Arbeiten widmeten, erweckte den Anschein von Dankbarkeit für eine Welt, in der die Frauen ihre Anstrengungen benötigten. Der Rat für Kriegsreglementierung in Genf hatte sein Kriegsspiele-Moratorium auf die absehbare Zukunft ausgeweitet; er wies darauf hin, daß Menschen, die sich an Kriegsspielen erfreuten, eine Fülle von Aufzeichnungen betrachten könnten, doch die Wiederholungen des Öffentlichen Auges waren nicht mehr populär.

»Krieg scheint jetzt ein alberner Zeitvertreib zu sein«, sagte der frühere Befehlshaber der Ostanglischen Allianz, der nun Kapitän eines Nordsee-Trawlers war. »Offensichtlich war unser Leben damals so wertlos, daß wir es unbedingt verlieren wollten. Ich bin froh, daß die Biologie-Mandarine eine seuchenresistente Kraftpflanze entwickeln, aber ich meine, die Frauen sollten sie in Zukunft als eine zusätzliche Quelle von lebensnotwendigen Dingen benutzen - genug, um sie unabhängig von uns bleiben zu lassen, nicht genug, um uns abhängig von ihnen zu machen. Ich weiß nicht, wie die gegenwärtige Krise das Familienleben umgestalten wird. Wie ich höre, haben Ehemänner und Ehefrauen in Irland und im Westen Schottlands monogame Kleinbauerngemeinden gegründet. Das ist vielleicht keine schlechte Sache. Was immer die Zukunft beschert, es sieht so aus, als würde bald weniger getötet werden. Ich vermute, daß die von einigen Gurus so genannte frühmoderne Periode nur ein weiterer Teil der blutigen Geschichte war, in dem Frauen und Kinder verschont blieben. Es ist merkwürdig, aber seit Ausbruch der Seuche ist niemand gestorben, es sei denn aus Altersgründen und durch überraschende Unfälle. Diese Verschwörer haben den Friedensnobelpreis verdient.«

Als man Meg Mountbengers Mitverschwörern Beweise für ihre Schuld präsentierte, legten sie bereitwillig Geständnisse ab. Einer sagte: »Wir hassen das moderne Leben, deshalb wollten wir es aufregender machen. Wir dachten, das würde die Tötung vieler Menschen erfordern, aber jeder, der eine Fliege totgeschlagen oder eine Ratte vergiftet hat, weiß, daß die Vernichtung unbequemer Wesen kein Verbrechen ist. Ihr haltet uns für unbequem - also macht euer eigenes Leben aufregend, indem ihr uns vergasen, auf dem elektrischen Stuhl hinrichten, guillotinieren, garrottieren oder aufhängen laßt. Oder stellt die alte englische Bestrafung für Hochverrat wieder her. Hängt uns am Hals auf, schneidet uns heruniter, wenn wir noch am Leben sind, reißt unsere Eingeweide heraus, verbrennt sie vor unseren Augen, hackt unsere Gliedmaßen und Genitalien ab. Aufzeichnungen des Ereignisses wird man jahrhundertelang immer wieder von neuem abspielen.«

Sie weigerten sich, einzeln von Familien oder Genossenschaftssatelliten aufgenommen zu werden, wo sie die freundschaftliche, sorgfältige Aufmerksamkeit erhalten würden, die unreifen Menschen gebührt. Sie baten um eine eigene Behausung und erhielten eine Station auf dem Titan, wo sie nur am Leben bleiben konnten, wenn sie so genossenschaftlich arbeiteten, daß ihre Kinder - falls sie welche haben würden - nicht durch antisoziale Beispiele verdorben werden konnten. In den Jahren, in denen man die Folgen der Seuche überwand, blieb diese Station ein hartnäckig schweigsamer Teil des Informationsnetzes; sie empfing Nachrichten, sendete jedoch keine. Dann erschienen die Verschwörer eines Tages plötzlich auf einem Musikkanal als Gesangsgruppe, die sich Die Seuchen nannte. Mit rauhen, unharmonischen Stimmen verspotteten sie jeden Aspekt des modernen Lebens, den sie für schal, arrogant und dumm hielten. Sie waren bei Kindern beliebt. Erwachsene glaubten, ihre Sendungen seien Zeichen wiederkehrender Vernunft. Wenn Napoleons dichterische oder Hitlers künstlerische Ambitionen gepflegt oder gefördert worden wären, hätten sie weniger Schaden angerichtet.

Also verhinderte die rasche Entdeckung des Puddockkomplotts durch die alten Damen wahrscheinlich, daß die Menschheit in die historische Barbarei zurückfiel.

Seite 131

In dem, was sie mir gestern nacht antat, war Haß, aber nichts Berechnendes, nichts Politisches. Es ist ein Wunder, daß sie mich in all diesen Jahren gebraucht hat.

Meg Mountbenger hatte einen seltenen, impulsiven, energischen Charakter, der sich langsam entwickelte und keine emotionale Reife erlangte, weil sie sich als Kind unattraktiv und einsam gefühlt hatte. Die Ursache mochte darin liegen, daß ihre Mutter sie zu früh entwöhnt hatte oder daß ihr Vater ein Gangrel war. Nur Tanten und Großmütter kannten ihren Vater, aber dieses Wissen könnte sie veranlaßt haben, Meg wie eine Außenseiterin zu behandeln, die sie schließlich auch wurde. Mit fünf Jahren schloß sie eine so enge Freundschaft mit einem Mädchen aus Mountbenger, daß sie darauf bestand, dort zu wohnen; vielleicht dachte sie auch, sie werde in

Mountbenger beliebter sein als in Dryhope. Ihre späteren heimlichen Besuche in Dryhope lassen vermuten, daß sie enttäuscht wurde. Als Kind, das sich immer am Rande des Familienlebens befand, erkannte sie Wat als ihresgleichen. Unglücklicherweise begehrte Wat wie die meisten Männer Mädchen, die das Gegenteil von ihm waren, und behandelte sie mit der Geringschätzung, die er von Kittock gelernt hatte.

Wie alle Informationsnetze konnten die Omas Fehler machen. Bevor Haldane starb, glaubten zu viele alte Damen, daß es die beste Beschäftigung für talentierte Unzufriedene sei, ferne Raumstationen zu ihren eigenen Welten umzugestalten. Schon als Zwölfjährige hatte Meg Mountbenger sich gewünscht, in einem Wolkenzirkus zu arbeiten. Statt dessen schoben die Uromas sie nach K20 ab, wodurch jene ungesunde Konzentration von Egoisten noch instabiler wurde.

Wie die übrigen Mitglieder des Teams von K20 wurde sie fast sofort in die Reihen der Unsterblichen aufgenommen. Damals ahnte man nur vage, welch schädlichen Effekt die Verjüngung auf junge Menschen hatte, und Haldane, der zwischen knabenhaften achtundfünfzig und fünfundsechzig Jahren schwankte, hatte eine Ewigkeit vor sich, in der er gescheite junge Leute ausnutzen konnte. Ihnen kam die Arbeit mit dem großen Satellitenkonstrukteur zunächst himmlisch vor. Sie beteten ihn an, wie junge italienische Künstler Michelangelo angebetet hatten; sie imitierten ihn, wie junge deutsche Protestanten Luther imitiert hatten.

Megs Arbeit und Mitgliedschaft in Haldanes Harem könnte sie glücklich gemacht haben, bis die Verjüngung sie wieder zu einer Heranwachsenden werden ließ. Der

Verlust von sieben Jahren Sinneserfahrung ruft bei alten wie jungen Menschen eine emotionale Leere hervor, aber er tut den jungen stärker weh, da sie prägnante Erinnerungen an eine scheinbar kurz zurückliegende, doch in Wirklichkeit ferne Vergangenheit haben. Megs Besessenheit von Wat kehrte zurück. Das Gefühl war besonders schlimm, weil sie mit einem Mann zusammen war, der sie vergessen hatte, und es wurde nach einer zweiten Verjüngung noch schlimmer. Sie war nun dreißig Jahre alt, und der linkische Bursche, der sie nach ihrer Erinnerung drei Jahre zuvor (siebzehn Jahre zuvor nach allgemeinen Zeitbegriffen) zurückgewiesen hatte, war nun ein berühmter Recke – und das in einer Welt, die komplizierter und auf wunderbare Art abwechslungsreicher war als jene, die Isaiah Haldane schaffen konnte, in einer Welt, die immer noch die größte Zahl von Menschen im Universum beherbergte.

Inzwischen konnten die meisten Angehörigen von Haldanes Team ihn und das Leben auf K20 nicht mehr ertragen. Jemand zerschmetterte seinen Kopf so gründlich, daß Reparaturen nicht praktikabel waren; die übrigen weigerten sich, den Mörder preiszugeben. Weiterer Kummer wäre gefolgt, hätte die Menschheit nicht umständliche Gesetze und Polizeitruppen abgeschafft. Das Offene Informationsnetz wußte, daß Haldane ein brillanter, doch selbstsüchtiger Mann gewesen war, der im Laufe seiner hundertsechs Jahre Gutes geleistet hatte. Doch dann hatte er begonnen, sich zu wiederholen, konnte damit aber nur die Jungen beeindrucken. Seinen früheren Kollegen wurde empfohlen, bis zur nächsten Verjüngung einundzwanzig Jahre vergehen zu lassen; dadurch würden sie alten Menschen gegenüber weniger ungeduldig sein. Bis auf drei fanden alle Arbeit auf anderen Satelliten oder auf dem Mond. Meg und die beiden anderen baten den Globalen und Interplanetarischen Rat für Altersreglementierung in Lhasa um Erlaubnis, auf der Erde zu arbeiten. Dies wurde gewährt, nachdem sie versprochen hatten, auf Verjüngungen zu verzichten. Es war ein Versprechen, das sie zu brechen gedachten.

Wenigstens sechs Jahre vor Haldanes Ermordung hatte die Fünfergruppe geplant, ewiges Leben mit irdischer Macht zu verbinden. Die fünf hatten vor, die Macht an sich zu reißen, indem sie die Menschheit in einen Zustand von Rivalität und Anarchie versetzten, das Offene Informationsnetz auflösten und Minderheitenregierungen wiederherstellten. Sie planten ein Bündnis mit einer Militärelite mitten im Chaos einer weltweiten Lebensmittel- und Energieknappheit. Deshalb ließ sich Meg, ihre Chefagentin, von einem Zirkus anstellen, der auf die Feier militärischer Triumphe spezialisiert war. Also hatte Meg Mountbengers Verführung von Wat Dryhope sowohl persönliche als auch politische Motive. Sie hoffte, ihn zur Teilnahme an ihrem Komplott zu verleiten; als das mißlang, infizierte sie ihn gegen seinen Willen.

Nachdem Wat Dryhope aus der Quarantäne auf dem Ben Nevis nach Ettrick zurückgekehrt war, rackerte er sich zwischen wilden Trunksuchtsanfällen damit ab, Pflanzen anzubauen, Unkraut zu jäten, Mühlen zu bauen et cetera. Die Frauen mochten ihn nicht mehr, und er schien jegliches Interesse an ihnen verloren zu haben. Er arbeitete weniger fieberhaft im zweiten Jahr, als die Auswirkungen der Seuche offenkundig unter Kontrolle gebracht wurden. Zwar soff er mehr, aber er schrieb *Einer, der Geschichte macht*. Als er seiner Mutter ein Exemplar gegeben hatte, sagte er: »Jetzt werde ich Meg suchen.« Seine Mutter erwiderte, daß das Offene Informationsnetz keine Spur von

Meg Mountbenger habe finden können; sie sei also höchstwahrscheinlich tot, vermutlich infolge von Selbstmord. Er sagte: »Meg ist zu tapfer und zu tüchtig, um auf diese Weise zu enden. Sie hat getan, was ich an ihrer Stelle tun würde: Gangrel werden. Ich spüre sie auf, Kittock. Ich werde sie für das umbringen, was sie mir angetan hat, und dann bringe ich mich selbst um.«

Er verließ Dryhope House und ist seitdem von niemandem gesehen worden, der zugibt, ihn zu kennen.

Seite 132

☞ *Aber Meg Mountbenger ist eine ganz andere Frau. Außerdem ist sie deine …*

Das unausgesprochene Wort war natürlich *Schwester*.

POSTSKRIPTUM
eines Folklore-Experten

Als Fjodor Hakagawa vor mehreren Jahren die Folksongs der irischen Vagabunden in Donegal aufzeichnete, stieß er auf folgende Verse:

Oh, Wat war ein böser Zigeuner,
Und Meg war sein böses Weib,
Sie haßten niemand mehr als einander,
Sie lebten in Hader und Streit.

Er schlug sie, wenn er war nüchtern,
Sie trat ihn, war er betrunken,
Die zahnlosen alten Gangrels
Keiften, trieben Unzucht und stunken.

Er verzog's Gesicht bei jedem ihrer Blicke,
Sie jedes seiner Worte zertrümmert',
Einer haßte den andern so heftig,
Daß niemand sonst sie bekümmert'.

Hakagawa bemerkte, daß Rhythmus, Diktion und Sentiments eher schottischer als irischer Art waren, und erfuhr, daß das Lied zwei Reisenden gewidmet war, die in Verstecken und Meereshöhlen um die Nordküsten von Schottland und Irland gewohnt und sich in geborgten und gestohlenen Booten von den Strömungen über die Meerenge zwischen Kintyre und Antrim hatten treiben lassen. Sie waren für ihre fast totale Schweigsamkeit berüchtigt, wenn Hunger, übles Wetter oder Unfälle sie zwangen, die Gesellschaft anderer zu suchen. Außerdem waren sie berüchtigt dafür, daß sie sich überaus streitsüchtig verhielten, wenn sie allein zu sein glaubten.

Forscher in Schottland haben herausgefunden, daß die beiden (wenn auch nur bei anderen Gangrels) im Norden bis nach Caithness und Sutherland, im Osten bis nach Buchan und Fife, im Süden bis nach Clydesdale bekannt waren. Sie vermieden jedoch stets das schottisch-englische Grenzgebiet, eine Region, die die meisten Reisenden wegen ihres fruchtbaren Gemeindelandes und ihrer gastfreundlichen Heimstätten schätzen. Dies war die Region, in der Wats und Megs Affäre zu einer populären Legende geworden war – von einer Liebe, die die Welt erschütterte. Eine Version des Liedes, die unweit von Freuchie in Fife aufgezeichnet wurde, enthält eine in Irland unbekannte Strophe:

Als sich einer den Hals brach im Sturze
(Egal ist's heute, welcher von beiden),
Der andre wußt' nicht, wen er sollt' jetzt verwünschen,
Und starb selbst gleich an seinem Leiden.

Alle vier primitiven Strophen sind nun – mit einem Fragezeichen dahinter – Wat Dryhopes und Meg Mountbengers Informationsarchiv hinzugefügt worden. Sie entstanden wahrscheinlich, nachdem man das beschriebene Paar in namenlosen Gräbern beigesetzt hatte. Niemand kann sicher sein, daß sie die Helden und Schurken dieser Geschichte waren, aber ein solches Ende ist für Kittocks

Sohn und Tochter genauso wahrscheinlich wie Mord oder Selbstmord und entspricht eher den modernen Vorstellungen. Wir ziehen die komische der tragischen Version vor.

Altrieve Cottage,
Heim von James Hogg,
dem Ettrick-Schafhirten,
mit Aussicht auf Mountbenger,
um 1820

Leb wohl

Dieses Buch wurde gedruckt auf Recyclingpapier.
Es besteht aus 100 % bedrucktem Altpapier.

Das Vorsatzpapier besteht aus 75 % Recyclingpapier,
der Überzug wurde auf 100 % Recyclingpapier gedruckt.
Der Karton des Einbandes ist aus 100 % Altpapier.

Das Kapitalband und das Leseband sind
aus 100% ungefärbter und ungebleichter Baumwolle.